企業による従業員情報管理のマイナンバー対応Q&A

長谷川 俊明——編著
Hasegawa Toshiaki

経済法令研究会

はしがき

　2015年10月、マイナンバーの通知がいよいよ始まりました。「番号」を入手してうっかり落としたらどうしようなどと、不安に感じる人がいるのではないでしょうか。

　内閣府が2015年9月3日に発表した世論調査では、多くの国民がマイナンバー制度導入に懸念を抱いていることがわかりました。最も多かった懸念は、不正利用によって被害に遭うおそれ（38％、同年1月の調査に比べ5.7ポイント増）で、次に多かったのが情報漏えいによりプライバシーが侵害されるおそれ（34.5％、同1.9ポイント増）でした。

　前者の懸念は、マイナンバーの通知が行われる以前にも、マイナンバーの登録に金がかかると嘘を言って高齢者から現金をだまし取る事件が起こるなど、すでに顕在化しています。

　後者の懸念は、マイナンバーが他人に知られることによって個人情報が漏れてしまうのではとの心配をだれもが持っているところから生じます。

　従来、従業員などの個人情報を扱う事業者に個人データを滅失、漏洩、毀損させないよう安全に管理しなければならないとの義務を負わせてきたのは個人情報保護法（個人情報の保護に関する法律）でした。

　ただ、同法は、「5,000件を超す」個人情報を取り扱う事業者のみを対象にこの安全管理責任を課すにとどまっています。

　マイナンバー法の場合はどうかといいますと、給与などの支払いに源泉徴収をすべき事業者は、2016年1月の同法施行後、源泉徴収票に支払先のマイナンバーを記入しなければなりません。従業員を含め、給与などを支払うためにマイナンバーを一切取得しなくてもよい事業者は考えられません。

　ということは、法人番号を除く個人のマイナンバーを取得し安全に管

理すべき義務は、ほとんどすべての事業者によって守られなくてはなりません。マイナンバー法はこのことを前提にしています。

　個人情報保護法の同義務については、「5,000件超」要件がありますので、肝心のところで個人情報の流出防止が行き届かないおそれが出てしまいます。そこで、2015年9月上旬、同法は、「5,000件超」要件の廃止などいくつかの点でマイナンバー法といわば平仄を合わせるかたちで改正されました（未施行）。

　そうなりますと、2016年1月から、マイナンバー法の施行とともにいますぐにも取り組まなければならないのが、個人、とりわけ従業員のマイナンバーの「安全管理措置」です。これは、ほとんどすべての事業者が取り組むべき義務です。また、対象は国民すべての個人情報となれば、国民的重大関心事であるともいえます。

　そこで、企業による従業員などのマイナンバーの安全管理（措置）を中心にQ&A方式で本をつくりました。マイナンバー法の解説をした本は少なくありませんが、改正後の個人情報保護法を踏まえた上で従業員の個人情報に的を絞った本はまだ多くはありません。

　この本が、中小企業を含むマイナンバー法の下で対応を求められるあらゆる事業者にとっての実務上のハンドブックとして利用してもらえれば幸いです。

　本書の執筆は、私と私の事務所に所属する田中裕之弁護士、荒木洋介弁護士とで分担して行いました。最後になってしまいましたが、本書の刊行にあたり経済法令研究会菊池一男氏、同西牟田隼人氏には大変お世話になりました。感謝申し上げます。

2015年11月

長谷川　俊明

目　次

▼ PART 1／マイナンバー制度総論

Q1 マイナンバー制度はどのような制度ですか。これにより中小を含む一般の企業はどのような影響を受けますか。 ……… 10

Q2 マイナンバー制度の導入・スタート時期を、民間企業が行うべき対応スケジュールとの関係で説明してください。 ……… 12

Q3 マイナンバー法と個人情報保護法との関係はどのようなものですか。企業はマイナンバー制度導入前に比べ個人情報をより厳しく管理しなければならなくなりますか。 ……… 14

Q4 マイナンバー制度の下で民間事業者が行うとされる「個人番号関係事務」とはどのような内容で、何をすればよいのですか。 ……… 16

Q5 マイナンバーを管理するにあたって民間企業に求められる「安全管理措置」とはどのようなものですか。 ……… 18

Q6 法人にもマイナンバー法の番号はつくのでしょうか。法人についた番号の扱いはマイナンバーとどう違うのですか。 ……… 20

Q7 個人番号関係事務、安全管理などを委託、再委託することはできますか。これに関連して注意すべき点は何ですか。 ……… 22

Q8 当社には外国人従業員も多数いるのですが、マイナンバーが割り振られるのは日本国籍を有する者に限られるのですか。 ……… 24

Q9 個人情報保護法とマイナンバー法をあわせた改正法案が平成27年9月3日に国会で成立したそうですが、その内容および施行時期と平成28年1月1日からのマイナンバーの使用開始との関係を説明してください。 ……… 26

▼ PART 2／マイナンバーの取得・収集・保管の業務

Q10 マイナンバー制度へ対応するために必要となる具体的作業を教えてください。 ……… 28

Q11 従業員のマイナンバーは、いつ、どのように収集すればよいですか。 ……… 30

3

Q12 親会社が子会社の従業員のマイナンバーを収集することはできますか。また、人材派遣会社が、派遣登録をした登録者にマイナンバーの提供を求めることはできますか。 ……… 32

Q13 採用内定者にマイナンバーの提供を求めることはできますか。 ……… 34

Q14 本人確認は、マイナンバーの提供を受けるたびに行わなければならないのですか。 ……… 36

Q15 マイナンバーを収集する際の本人確認の方法を教えてください。 ……… 38

Q16 従業員にマイナンバーの提供を求めたにもかかわらず、マイナンバーが提供されない場合、どうすればよいですか。 ……… 40

Q17 従業員の扶養家族のマイナンバーも収集する必要がありますか。その際、本人確認はどのように行えばよいですか。 ……… 42

Q18 マイナンバーは一生変わらないのですか。また、マイナンバーが変わった場合、マイナンバーを収集していた企業には通知されるのですか。 ……… 44

Q19 収集したマイナンバーはどのくらいの期間保管しなければならないのですか。また、保管期間の経過後、収集したマイナンバーを削除する義務はありますか。休職中の従業員のマイナンバーの扱いとあわせて教えてください。 ……… 46

▼ PART 3／マイナンバーの利用に関する業務

Q20 従業員のマイナンバーを企業が利用できる範囲は限定されているのですか。また、収集・保管した目的の範囲を超えて、マイナンバーを利用できますか。 ……… 48

Q21 マイナンバーの取得後に、利用目的を追加・変更することはできますか。また、いくつかの個人番号関係事務でマイナンバーを利用する可能性がある場合に、予想されるすべての目的について、本人に対する事前の包括的な通知は可能ですか。 ……… 50

Q22 マイナンバーの「提供」とは何ですか。マイナンバーを提供する際の注意点を教えてください。 ……… 52

Q23 取得した従業員やその扶養家族のマイナンバーを、当該従業員が加入している健康保険組合に提供してもよいですか。また、従業員の出向先の子会社に対してはどうですか。 ……… 54

Q24 企業が「個人番号利用事務実施者」になるのはどのような場合ですか。「個人番号関係事務実施者」とはどのような違いがありますか。 ……… 56

▼ PART 4／マイナンバーの管理と外部委託

Q25 従業員のマイナンバーは、どのように管理すればよいですか。当社は従業員が3人しかいないのですが、どこまでの対応が必要ですか。 ……… 58

Q26 マイナンバーを管理するにあたり、中小規模事業者の場合、どのような安全管理措置を講じればよいですか。 ……… 60

Q27 当社は従業員が30人程度の小さな会社ですが、安全管理措置は大企業と同レベルのものを構築しなければならないのですか。 ……… 62

Q28 源泉徴収票を作成する事務はどのようにしたらよいですか。従業員への給与支払いの場合を中心に説明してください。 ……… 64

Q29 「基本方針の策定」とは何ですか。これを作る際の参考にすべき「ひな型」はありますか。 ……… 66

Q30 「取扱規程等の策定」とは何ですか。中小企業は策定しなくてもよいのですか。 ……… 68

Q31 「組織的安全管理措置」とは何ですか。当社は組織的な対応が必要なほど大きくないのですが。 ……… 70

Q32 「人的安全管理措置」とは何ですか。当社は従業員が少ないので社長の私が1人で対応していますが、それでよいですか。 ……… 72

Q33 「物理的安全管理措置」とは何ですか。 ……… 74

Q34 「技術的安全管理措置」とは何ですか。当社の規模ではコンピューターシステムの使用は考えていませんが、どうすればよいですか。 ……… 76

Q35 マイナンバーを使って、従業員や顧客の情報を管理することはできますか。 ……… 78

Q36 従業員のマイナンバーを取得する必要のある企業が取り扱う書類や手続きにはどのようなものがありますか。中小企業の場合はどうですか。 ……… 80

Q37 これまで企業が取り扱ってきた書類や手続きについて従業員のマイナンバーを使うことはできますか。 ……… 82

Q38 企業が取り扱う書類には、従業員だけでなく、その配偶者や扶養家族などのマイナンバーが必要になるものが含まれていますが、企業はそれらを提出させることができますか。その場合の管理責任はどうなりますか。 ……… 84

Q39 従業員が退職した後、退職した従業員のマイナンバーはどのように取り扱えばよいですか。 ……… 86

Q40 退職後も繰延支給される賞与がある場合、繰延支給が行われなくなるまでマイナンバーを保存することはできますか。 ……… 88

Q41 取引が終了した後、取引相手のマイナンバーを削除せずに、取引が再開されるまでマイナンバーにアクセスできないように制限をするという取扱いは許されますか。 ……… 90

Q42 「特定個人情報ファイル」とは何ですか。 ……… 92

Q43 マイナンバーの管理を外部に委託する際の契約のポイントは何ですか。 ……… 94

Q44 マイナンバーを取り扱う業務を委託する場合、どのような点に注意する必要がありますか。 ……… 96

Q45 マイナンバーを取り扱う業務を委託する場合、個人情報の取扱いとマイナンバーの取扱いの条項を分けた契約をすべきですか。 ……… 98

Q46 ハードウェア・ソフトウェアなどの保守を委託する場合、どのような点に注意すればよいですか。 ………100

Q47 クラウドサービスなど、個人情報を保管するために外部の事業者を利用する場合、どのように行えばよいですか。 ………102

Q48 事業者の従業員のマイナンバーを管理する事務の受託を予定しています。この場合、個人番号関係事務実施者と同じ業務をすることになりますか。 ………104

▼ PART 5／マイナンバーと企業の責任

Q49 マイナンバーの情報が流出した場合、企業やその取締役は法的責任を問われることになりますか。 ………106

Q50 マイナンバー制度において、個人番号関連事務を取り扱う事業者に罰則が科されることはありますか。当社は個人商店規模の会社ですが、その場合でも同様ですか。 ………108

Q51 従業員が、故意にマイナンバー情報を流出させた場合と、誤ってマイナンバー情報を流出させた場合とで、経営者に課される責任は異なるのですか。 ………110

【資料】

・特定個人情報（マイナンバー）管理委託契約書例 ………112

・従業員等のマイナンバー管理のチェックリスト ………120

・「特定個人情報に関する安全管理措置」の中小規模事業者における対応方法（抜粋） ………122

凡　　例

　本書では、以下の法令等の略称を用いて解説しています。

●行政手続における特定の個人を識別するための番号の利用等に関する法律
　――――「マイナンバー法」（※平成28年1月1日時点）
●「マイナンバー法」上の「個人番号」
　――――「マイナンバー」
●個人情報の保護に関する法律
　――――「個人情報保護法」
●行政機関の保有する個人情報の保護に関する法律
　――――「行政機関個人情報保護法」
●独立行政法人等の保有する個人情報の保護に関する法律
　――――「独立行政法人等個人情報保護法」
●特定個人情報の適正な取扱いに関するガイドライン（事業者編）（平成26年
　12月11日 特定個人情報保護委員会）
　――――「委員会ガイドライン」

本書の内容に関する訂正等の情報
　本書は内容につき精査のうえ発行しておりますが、発行後に訂正（誤記の修正）等の必要が生じた場合には、当社ホームページ（http://www.khk.co.jp/）に掲載いたします。
　（ホームページトップ： メニュー 内の 追補・正誤表 ）

　　　　　　　PART 1／マイナンバー制度総論
　　　　　　　Question 1～9

　　　　PART 2／マイナンバーの取得・収集・保管の業務
　　　　　　　Question 10～19

　　　　　PART 3／マイナンバーの利用に関する業務
　　　　　　　Question 20～24

　　　　　PART 4／マイナンバーの管理と外部委託
　　　　　　　Question 25～48

　　　　　PART 5／マイナンバーと企業の責任
　　　　　　　Question 49～51

▼ PART1／マイナンバー制度総論

マイナンバー制度はどのような制度ですか。これにより中小を含む一般の企業はどのような影響を受けますか。

Answer

マイナンバー制度は、国民一人ひとりに番号（マイナンバー）を、法人には別に法人番号をつけ、行政手続を効率化するとともに国民の利便性を高めることをねらいとします。民間企業・事業者は、従業員などのマイナンバーや特定個人情報につき安全管理措置を講じるなどの対応が必要になります。

▼ 解　説

1　マイナンバー制度のねらい

マイナンバー制度を導入するため平成25年5月に公布され制定された2本の法律（行政手続における特定の個人を識別するための番号の利用等に関する法律、および同法の施行に伴う関係法律の整備等に関する法律）によれば、マイナンバー制度のねらいは以下の2点にまとめられます。

① 国・行政機関や地方公共団体が社会保障、税、災害対策の分野で保有する個人情報とマイナンバーとをひもづけて効率的に情報の管理を行う
② マイナンバーを活用して国民の個人情報を他の機関との間で迅速かつ確実にやり取りできるようにすることで、行政事務の効率化と行政サービスを利用する国民の利便性の向上を図る

2　民間企業に求められる対応

　民間企業は、「個人番号関係事務実施者」の立場でマイナンバーを取り扱わなくてはなりません。

　これは何を意味するかといいますと、民間企業は自らの事業でマイナンバーを利用することはできず、行政機関がマイナンバーを行政手続効率化などのために利用するのを補助的な立場で関与することを意味します。

　民間企業として、平成28年1月にマイナンバー制度がスタートしてからすぐにも行わなくてはならないのは、従業員への給与支払などについての人事給与関係事務と法定調書関係事務です。これらの「関係事務」の詳しい説明は、Q4において行っています（16頁以下参照）。大きさ規模にかかわらず、ほとんどすべての事業者が対応しなくてはなりません。

Plus One Point ──────────────────── Column

マイナンバー制度と民間企業

　マイナンバー制度について、民間企業はいわば行政手続の協力者的立場にあるわけですが、制度導入を機に従業員などの個人情報の管理体制を見直すとよいでしょう。

▼ PART1／マイナンバー制度総論

マイナンバー制度の導入・スタート時期を、民間企業が行うべき対応スケジュールとの関係で説明してください。

Answer

　平成27年10月1日以降、マイナンバーの国民への通知が始まり、平成28年1月からはマイナンバー制度の利用が開始されます。民間企業はこれに先立って適切な準備が望まれます。
　国民への通知後は、主にマイナンバー・法人番号の収集（本人確認）、情報管理、帳簿等への出力・行政機関への提出を順次行わなくてはなりません。

▼ 解　説

1　マイナンバーの通知前の準備

　マイナンバーの国民への通知に先立って民間企業としてやっておくべきことがあります。

　内閣府の資料によりますと、マイナンバー法の施行（平成27年10月5日）以前の平成26年中においても、民間事業者（企業）には、業務の「洗い出し」や「マイナンバー利用のシステム開発」などが求められています（次頁図表参照）。

　法施行前であり、この通り行わなかったからといって罰則があるわけではありません。ただ、この段階から準備にかからないとマイナンバー法が民間企業に求める安全管理措置も間に合わなくなるおそれがあるからとの趣旨でしょう。

　内閣府のこれら資料を参考に、平成27年10月のマイナンバーの通知前にぜひ行っておくべき対応項目を挙げるならば、以下の2点になります。

① 社内体制の整備……マイナンバーの取扱責任者を決め、規程類を作成するなど管理体制の整備をするとともにマイナンバー管理のための具体的な業務フローを作成すること
② 社内研修会の実施……全社員向けの説明会と並行して担当者向けの安全管理研修などを行うこと

2 平成27年10月以降、「通知」後の対応

　従業員（パートやアルバイトを含みます）、取引先、支払調書の作成が必要な弁護士、税理士、社会保険労務士、不動産の貸主などからマイナンバーを取得し、あらかじめ作成してある規程などのルールに従って管理をします。

《マイナンバー導入のスケジュール》

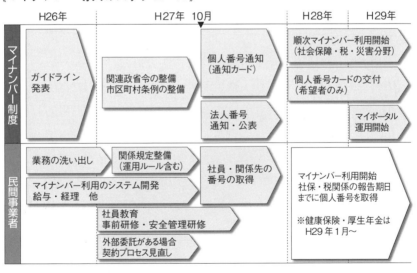

（出所）内閣府資料

▼ PART1／マイナンバー制度総論

> マイナンバー法と個人情報保護法との関係はどのようなものですか。企業はマイナンバー制度導入前に比べ個人情報をより厳しく管理しなければならなくなりますか。

Answer

> マイナンバー法は個人情報保護法の特別法にあたります。いくつかの点で個人情報保護法とは異なっており、より厳しい対応、安全管理措置が求められます。

▼ 解 説

1　個人情報保護法令の特別法にあたります

　マイナンバー法は、正確にいいますと、個人情報保護法、行政機関個人情報保護法、独立行政法人等個人情報保護法、および個人情報保護条例の特別法です。

　マイナンバーを含む個人情報を「特定個人情報」といいますが、「個人情報」の一種ですから個人情報保護法令の適用を受けることになります。

　ただ、マイナンバー法は「特定個人情報」の適切な取扱いを確保するための特則を規定しています。「特別法は一般法に優先する」との原則に従い、これらの特則が優先的に適用されます。

　マイナンバー法が特則を設けていない部分については一般法（民間事業者であれば個人情報保護法）が適用されます。

　マイナンバー法の特則にも、新たに書き起こされた規定、個人情報保護法などの規定を読み替える規定、およびその一部を適用除外する規定があります。

2 企業はマイナンバー法のより厳しい規制を守らなくては なりません

　マイナンバー法はマイナンバーや特定個人情報の適正な取扱いを確保するために、個人情報保護法令より厳しい規制をしています。

　個人情報保護法令と比較した規制内容は、①特定個人情報の利用に関する利用規制、②特定個人情報の提供、収集、本人確認などに関する提供規制、③特定個人情報の管理、委託などに関する管理規制、④本人からのアクセスを充実させるための措置、⑤情報の不正取扱いに対する執行強化に分けられます。本書では、その詳細について Q&A で取り上げています。

　より具体的には、企業にとって次の2点について注意が必要です。

　第1に、個人情報保護法では、個人情報取扱事業者（保有する個人情報が5千件を超える事業者をいいます）だけが個人情報を安全に管理するための措置を求められます。これに対し、マイナンバー法では中小の企業を含む実質的にすべての民間事業者が「個人情報取扱事業者」とされ、特定個人情報の安全管理措置を実施しなくてはならず、従業者に対する必要かつ適切な監督も求められます。

　第2に、個人情報保護法では死者の個人情報は保護の対象から外れていますが、マイナンバー法の下では対象に入ります。

Plus One Point ——————————————————— **Column**
安全管理措置義務の軽減措置

　民間企業がマイナンバー法の下で負う義務としては安全管理措置義務が最も重要ですが、中小企業には同義務の軽減措置がありますので、よく研究しておくべきです（62頁 Q27 および 122頁「中小規模事業者における対応方法（抜粋）」を参照）。

▼ PART1／マイナンバー制度総論

> マイナンバー制度の下で民間事業者が行うとされる「個人番号関係事務」とはどのような内容で、何をすればよいのですか。

Answer

> マイナンバー法の下でほとんどの民間事業者・企業は、「個人番号関係事務実施者」として、行政機関による行政手続効率化などのためのマイナンバー利用に補助的に関与することになります。この立場で行わなければならない個人番号関係事務は、行政機関等にマイナンバーを記載した書面を提出することが中心です。

▼ 解　説

1 「個人番号利用事務」と「個人番号関係事務」

　民間企業がマイナンバーを扱う立場としては、「利用事務実施者」と「関係事務実施者」の2つがあります。

　「利用事務」とは、自らの業務でマイナンバーを使う事務を指し、主として行政機関が行いますが、一部、健康保険組合、年金の事業主である民間企業も行うべきとされます。

　民間企業が主に行うべきとされるのが、「関係事務」です。これはマイナンバーを自らの業務で利用するのではなく行政機関の利用に補助的な立場でこれを扱う事務を指します。

2 「人事給与関係事務」と「法定調書関係事務」

　民間企業の行う「関係事務」のうち主なものが「人事給与関係事務」と「法定調書関係事務」です。

　「人事給与関係事務」は、従業員の所得税の源泉徴収、住民税の特別徴収、社会保険料（医療保険、年金保険、労働保険）の支払いや届

出・申請などの手続きにおいて、マイナンバーを記載して手続きを行う事務です。

　「法定調書関係事務」は、個人に対して金銭の支払いを行った場合にそのマイナンバーを取り扱う事務です。たとえば、社内報の執筆者に対する原稿料の支払い、あるいは社内研修会の講師への謝礼の支払いなどに際して作成する支払調書には、マイナンバーを記載をしなくてはなりません。

3 「事業者の努力」（法6条）とは

　マイナンバー法6条では、事業者は「……基本理念にのっとり、国及び地方公共団体が個人番号及び法人番号の利用に関し実施する施策に協力するよう努めるものとする」と書かれています。

　民間企業が行うとされるのは、行政機関によるマイナンバーの利用を補助する事務ですが、平成28年1月予定の利用開始後、これを適切に行おうとすれば、いますぐにも事前に人事給与面のシステム改修を済ませ安全管理措置などを整備しておかなくてはなりません。

　これらにまったく対応することなく利用開始日を迎える民間企業があるとすれば、法6条違反といわれてもしかたないでしょう。ただし、本条に違反したからといって罰則があるわけではありません。

Plus One Point ──────────────────── Column
マイナンバーを利用する場面

　平成28年1月から予定されているマイナンバー利用は、税の分野から始まります。ただ、民間企業は年金運用など自らマイナンバーを利用する立場にもなることがありますので要注意です。

Question 5

▼ PART1／マイナンバー制度総論

マイナンバーを管理するにあたって民間企業に求められる「安全管理措置」とはどのようなものですか。

Answer

マイナンバーを民間企業が取り扱い特定個人情報を管理するには、安全管理措置を講じなくてはなりません。これは、マイナンバーが漏えい、滅失、毀損したりすることを防止するために必要な措置のことです。

▼ 解 説

1 「安全管理措置」の内容

マイナンバー法は、「個人番号利用事務実施者及び個人番号関係事務実施者」に安全管理措置を求めています（法12条）。そこで、ほとんどすべての民間企業が安全管理措置を講ずる義務を負っていることになります。

安全管理措置といわれても何をどうすればよいのか見当がつかないことになりそうです。マイナンバー法ガイドライン（「特定個人情報の適正な取扱いに関するガイドライン」特定個人情報保護委員会、平成26年12月11日。以下、「委員会ガイドライン」という）は、以下の6項目において安全管理措置を講じるべきものとしています。

① 基本方針の策定（任意）
② 取扱規程等の策定（義務）
③ 組織的安全管理措置（義務）
④ 人的安全管理措置（義務）
⑤ 物理的安全管理措置（義務）
⑥ 技術的安全管理措置（義務）

2　個人情報保護法の場合との違い

　この内容は、個人情報保護法の下でのガイドラインが求める内容とほぼ変わらないのですが、以下の3点で異なります。

　第1に、マイナンバー法は、死者のマイナンバーについても安全管理措置義務の対象にしています。

　第2に、個人情報保護法などでは民間企業の事業分野を所管する監督官庁が安全管理措置義務の具体的内容を定めたガイドラインを作っていますが、マイナンバー法の場合は、特定個人情報保護委員会がこれに関するガイドラインを作っています。

　第3に、マイナンバー法の安全管理措置義務は、個人情報保護法の「個人情報取扱事業者」に該当しない民間事業者にも適用されます。

3　安全管理措置は中小規模事業者には義務が緩和されます

　従業者の数が100人以下で、一定の事業者を除く中小規模事業者には、安全管理措置の内容が軽減されます。軽減内容の主なものは次の3点です。

> ①　取扱規程等の策定義務がない
> ②　組織的安全管理措置中の、システムログまたは利用実績の記録、および特定個人情報ファイルの取扱状況を確認するための手段が大幅に軽減されている
> ③　物理的安全管理措置の多くが軽減されている

　ただし、軽減は次の事業者には適用されず、大規模事業者として扱われます。

　①個人番号利用事務実施者、②個人番号関係事務または個人番号利用事務を業務として受託する事業者、③金融分野の事業者、④個人情報取扱事業者。

▼ PART1／マイナンバー制度総論

法人にもマイナンバー法の番号はつくのでしょうか。法人についた番号の扱いはマイナンバーとどう違うのですか。

Answer

マイナンバー法は、国の機関、地方公共団体、会社や社団などを対象に法人番号を付与します。個人に付与される番号には取得から利用、廃棄に至るまで厳しい規制がありますが、法人番号にはこうした規制はなく、だれでも自由に利用や提供ができます。

▼ 解　説

1　法人番号は行政手続におけるほか自由に利用できます

　法人番号は、①国の機関、②地方公共団体、③会社法などの法令により設立登記をした法人、④これ以外の法人または人格のない社団等で所得税法230条などの届出書を提出することとされている団体につけられます。

　さらにこれら以外の法人または人格のない社団である外国法人なども、国税庁長官に届け出ることによって法人番号の指定を受けられます。

2　法人番号はインターネットを通じて公表されます

　法人番号は、原則としてインターネットを通じた公表が予定されています。公表される情報は、法人番号の指定を受けた者の①商号または名称、②本店または主たる事務所の所在地、③および法人番号（数字のみ13桁）で、これらを基本3情報といいます。

　公表は、人格のない社団等の場合、代表者等の同意がある場合にのみなされます。また法人番号の指定を受けた後に、商号や所在地等の

変更があった場合は、公表情報を更新するほか変更履歴もあわせて公表されることになっています。

3　法人番号の利用、提供は誰でも自由にできます

　マイナンバーと異なり、公表された法人番号は誰でも自由に利用、提供することができます。法人番号は、法人が対象のため個人のプライバシー侵害のおそれが限定されるからです。

　法人番号は、平成28年1月以降に提出される税務上の届出書、法定調書等、およびこれ以降に開始する事業年度に係る法人税の申告書等に記載されます。

　ただし、マイナンバー法の定める社会保障、税、防災以外の事務に限定されず、それ以外の事務においても自由に利用できます。目的外利用を厳しく制限されるマイナンバーとは異なり、取引先管理や電子商取引などに利用することも許されます。

　法人番号によって検索できる特定法人情報は、特定個人情報と異なり、提供が制限されません。民間企業間でも自由にやり取りすることができます。

Plus One Point ──────────────────────────── **Column**
法人番号とその活用

　法人番号は、政府の「法人番号公表サイト」で簡単に知ることができます。そこで、民間企業も、たとえば取引先の情報を、法人番号を使って名寄せし一括管理するなどして業務の効率化をはかるべきでしょう。

▼ PART1／マイナンバー制度総論

> 個人番号関係事務、安全管理などを委託、再委託することはできますか。これに関連して注意すべき点は何ですか。

Answer

> マイナンバー法の下でも、「個人番号関係事務」の全部または一部を第三者に委託することができます。ただ、再委託、再々委託など、再委託以降の委託を行う場合には最初の委託元の許諾が必要になります。また委託先、再委託先などは、個人情報保護法上の個人情報取扱事業者でなくても、個人番号利用実施事務者としての規制に服さなければなりません。

▼ 解　説

1　委託先における特定個人情報の安全管理措置につき必要かつ適切な監督が義務付けられます

個人番号関係事務等を委託する者は、特定個人情報の安全管理措置が適切に講じられるよう受託者に対する必要かつ適切な監督を行わなくてはなりません。

この「安全管理措置が適切に講じられる」につき、委員会ガイドラインは、「番号法に基づき委託者自らが果たすべき安全管理措置」を意味するとしています。また、同等レベルの措置が講じられるか否かについてあらかじめ確認するよう求めています。

再委託、再々委託などをするにあたっては、最初の委託者の許諾が必要になります。この点は、個人情報保護法の場合と異なりますので注意が必要です。

2　委員会ガイドラインが要求する事項

　委員会ガイドラインは、マイナンバーもしくは特定個人情報ファイルの削除、廃棄の作業を委託する場合には、委託先が確実に削除、廃棄したことにつき、証明書などにより確認が必要としています。また、同ガイドラインは、「必要かつ適切な監督」のために、委託先による安全管理措置の一環として以下のような一定の内容をもった契約の締結を求めています。

> ［入れることを義務付けられる内容］
> 　① 秘密保持義務
> 　② 事業所内からの特定個人情報の持出しの禁止
> 　③ 特定個人情報の目的外利用の禁止
> 　④ 再委託における条件
> 　⑤ 漏えい事案等が発生した場合の委託先の責任
> 　⑥ 委託契約終了後の特定個人情報の返却または廃棄
> 　⑦ 従業者に対する監督・教育
> 　⑧ 契約内容の遵守について報告を求める規定
> ［入れることが望まれる内容］
> 　① 特定個人情報を取り扱う従業者の明確化
> 　② 委託者が委託先に対して実地の調査を行うことができる規定等

Plus One Point ──────────────────────── **Column**
クラウドに預けるのは委託にあたるか

　「委託」も「再委託」も一定の要件の下で許されるため、実際にこれを行う企業が増えています。ただ、クラウド事業者にマイナンバーを預ける場合、「番号をただ保管するだけで、一切タッチしない」と事前に約束し、アクセス制限もかけているような場合には委託にはあたらないとされます。

▼ PART1／マイナンバー制度総論

> 当社には外国人の従業員も多数いるのですが、マイナンバーが割り振られるのは日本国籍を有する者に限られるのですか。

Answer

マイナンバーは、日本に住所をもつすべての国民、および日本で行政サービスの対象となりうる外国人住民に割り振られます。外国人は、観光目的の短期滞在者などを除き、適法に3か月を超えて日本に在留する者が対象になります。企業が雇い入れる外国人のほとんどにマイナンバーが付与されますので情報管理を怠ることはできません。

▼ 解　説

1　マイナンバーが割り振られる外国人とは

「適法に3か月を超えて日本に在留する外国人」の内訳を詳しく説明しますと、中長期在留者、特別永住者、一時庇護許可者、および経過滞在者となります。これらの外国人は、住民票が作成される対象者でもあります。

企業が一時的にせよ雇い入れる外国人で、日本に3か月以上の在留期間が決定された者には、「中長期在留者」としてマイナンバーの付番があります。

企業が、従業員のマイナンバーを安全に管理しなければなりませんが、その上では、日本国民であろうと外国人であろうと区別することなく扱う必要があります。

2　再び日本に在留するようになった場合の扱い

マイナンバーを付与された外国人が日本国外に転出後再び日本に在留するようになる場合は、以前に付けられた番号を再度利用すること

が予定されています。

　平成 27 年 10 月時点で日本に在住する外国人には、日本国民と同じようにマイナンバーが割り振られます。その後に日本に移り住むようになる外国人については、移住の時点以降すみやかに番号が付与されます。

　この点は、海外に在住する日本人についても同様で、日本に住所を移した後、すみやかに番号が付与されます。新生児であれば、出生届がなされた後、すみやかに付番されます。

Plus One Point ————————————————————— **Column**
外国人従業員とマイナンバー

　外国人を雇い入れる日本企業は増えています。日本に居住する外国人には一定の要件の下でマイナンバーが付与されますので、給与を支払うような場合には、個人番号を取得した上で同番号の「記載」を忘れないようにすべきです。

▼ PART1／マイナンバー制度総論

> 個人情報保護法とマイナンバー法をあわせた改正法案が平成27年9月3日に国会で成立したそうですが、その内容および施行時期と平成28年1月1日からのマイナンバーの使用開始との関係を説明してください。

Answer

　2つの法律をあわせて改正する法案は、平成27年3月に国会に提出され、一括して審議されました。改正個人情報保護法は公布日（平成27年9月9日）から2年以内の施行、個人情報保護委員会（特定個人情報保護委員会を改組）の設置に関する部分は、平成28年1月1日からの施行です。マイナンバーの利用範囲を拡充する改正マイナンバー法は、平成29年から施行になります。

▼ 解　説

1　個人情報保護法の改正

　平成27年9月3日に成立した法律案は、名称を「個人情報の保護に関する法律及び行政手続における特定の個人を識別するための番号の利用等に関する法律の一部を改正する法律案」といいます。2法あわせての改正法案になっており、一括して審議されましたが、それぞれ改正内容は異なっています。

　改正のねらいは、「個人情報の保護を図りつつ、パーソナルデータの利活用を促進することによる、新産業・新サービスの創出と国民の安全・安心の向上の実現及びマイナンバーの利用事務拡充のために所要の改正を行うもの」（政府資料より）と説明されています。

　個人情報保護法の「改正のポイント」は、政府資料では次のようにまとめられています。

《個人情報保護法改正のポイント》

個人情報の定義の明確化	・個人情報の定義の明確化（身体的特徴等が該当） ・要配慮個人情報（いわゆる機微情報）に関する規定の整備
適切な規律の下で個人情報等の有用性を確保	・匿名加工情報に関する加工方法や取扱い等の規定の整備 ・個人情報保護指針の作成や届出、公表等の規定の整備
個人情報の保護を強化	・トレーサビリティの確保（第三者提供に係る確認及び記録の作成義務） ・不正な利益を図る目的による個人情報データベース等提供罪の新設
個人情報保護委員会の新設及びその権限	・個人情報保護委員会を新設し、現行の主務大臣の権限を一元化
個人情報の取扱いのグローバル化	・国境を越えた適用と外国執行当局への情報提供に関する規定の整備 ・外国にある第三者への個人データの提供に関する規定の整備
その他改正事項	・本人同意を得ない第三者提供（オプトアウト規定）の届出、公表等厳格化 ・利用目的の変更を可能とする規定の整備 ・取り扱う個人情報が 5,000 人以下の小規模取扱事業者への対応

2　マイナンバー法の改正

　一方、マイナンバー法の改正は、「特定個人情報（マイナンバー）の利用の推進に係る制度改正」であり、「金融分野、医療等分野等における利用範囲の拡充」をはかります。具体的には、「預貯金口座への付番、特定健診・保険指導に関する事務における利用、予防接種に関する事務における接種履歴の連携等」が内容です。

　この改正部分は、2018 年度から順次利用範囲が拡大することになります。よくいわれるように、預金口座番号とマイナンバーとの"ひもづけ"がなされ、複数の口座を持つ人の資産を国が正確に把握できるようになるなど、国民生活への影響はさらに大きいと予想されます。

Plus One Point ───────────────────────────── **Column**

　国民の多くがマイナンバー制度の導入によってプライバシー侵害のおそれが増すと感じています。この制度が国民の理解を得られ、成功するかどうかは、"土台"にあたる個人情報保護法しだいといえます。そのため、同法は、「5,000 件超」の要件を廃止する改正がなされました。

▼ PART2／マイナンバーの取得・収集・保管の業務

マイナンバー制度へ対応するために必要となる具体的作業を教えてください。

Answer

マイナンバーに関する、①「収集」、②「管理・保存」、③「利用」、④「提供」、⑤「廃棄」という、5つのステップを意識して準備を進めましょう。

▼ 解 説

1 マイナンバーの目的内利用の原則

マイナンバー制度は、平成27年10月以降、マイナンバー通知がされるところから始まります。民間企業では原則として、役所にマイナンバー記載の書面を提出する場面でのみ、マイナンバー制度と関わりを持ちます。

したがって、それ以外の目的で収集・保管、ファイル作成、およびマイナンバーによる従業員管理などを行うことはできない点に、まずは注意が必要です。

2 マイナンバーの収集から廃棄まで

その上で、企業は、平成28年1月より、全従業員とその扶養家族などから、マイナンバーの提供を受ける必要があります。これを、マイナンバーの①「収集」と呼びます。ここでは、本人確認という作業が中心になります。

収集したマイナンバーを、企業内で、②「管理・保存」する必要があります。外部に流出しないように、注意する方法が厳しく規定されています。

企業内で管理しているマイナンバーを、③「利用」するのが次のス

テップです。マイナンバーの利用が許される範囲が問題となります。

④「提供」は、「利用」とは似て非なる概念です。企業が行う行為が「利用」にあたるか「提供」にあたるかによって、規制も変わります。両者の区別と、マイナンバーを「提供」する場合の規制が重要ポイントです。

最後に、マイナンバーを⑤「廃棄」する作業が必要になります。廃棄の対象となるマイナンバーの特定、廃棄のタイミング、廃棄するかについても、法令上規定されていますので、しっかり確認することが大切です。

3 マイナンバーの委託

マイナンバーの収集から廃棄までの作業については、自社内で専門の部署を設けて対応することもできますし、外部の企業に委託することも可能です。

本書では、各ステップの重要ポイントごとに解説をしていきます。

Plus One Point ―――――――――――――――――――――――― **Column**
マイナンバーを提供しなくても罰則はない？

マイナンバーを割り当てられた人は、多くの場合、就労先からマイナンバーの提示を求められるかと思います。もっとも、就労先からの求めに反してマイナンバーを提示しない場合であっても、マイナンバー法上、罰則等はありません。したがって、マイナンバーを就労先に提示しない人も相当数に上ると思われます。いかに上手くマイナンバー収集関連の事務を処理するかについて、企業の担当者の手腕が問われるといえそうです。

Question 11

▼ PART2／マイナンバーの取得・収集・保管の業務

従業員のマイナンバーは、いつ、どのように収集すればよいですか。

Answer

　平成27年10月に、マイナンバーの「通知カード」の郵送が始まったらすぐに作業を開始するのがよいでしょう。社内では、前もって従業員にマイナンバーを提出する必要がある旨を告知しておきましょう。

▼ 解　説

1　マイナンバーの「収集」

　マイナンバーの「収集」とは、マイナンバーを集める意思をもってマイナンバーを取得することをいいます。

　企業は、既存の①従業員とその②配偶者、③扶養家族のマイナンバーを収集する必要があります。また、企業に参加することになった新入社員・中途採用した従業員やその家族からも、同様にマイナンバーを収集することが必要です。

　また、健康保険組合の被保険者とその被扶養者、退職した年金受給者のマイナンバーもあわせて収集する必要があります。

2　企業がとるべき事前の措置

　従業員に対して、平成27年10月から、マイナンバーの「通知カード」の郵送が開始されています。この「通知カード」が誤って廃棄されてしまった場合、企業が従業員のマイナンバーを円滑に収集することは難しくなります。

3 マイナンバーの収集に際して

　このマイナンバーを収集する際には、①マイナンバーの利用目的を明示する必要があるほか、②必ず本人確認をする必要があります。

　この際、会社に出社してくる従業員よりも、その扶養家族のマイナンバーを集める方が、作業量が多く、本人確認にも手間がかかることが予想されます。その具体的な方法については、Q17 を参照してください。

Plus One Point ──────────────────────────── Column
通知カードの郵便局への差出し状況

　通知カードは平成 27 年 10 月 20 日、国立印刷局から郵便局への搬入が始まりました。11 月 18 日の時点で、全世帯分 5672.7 万通のうち家庭に届いたのは 1459.5 万通と全体の 25.7%でした。

　マイナンバーの通知カードは、一度、市区町村ごとの郵便局へ差し出された後、差出日から概ね 20 日程度で各家庭へ配達されます。

　全国 1896 市区町村のうち、10 月中に郵便局への差出が完了したのは414 市区町村（21.8%）でした。

　ちなみに、全国で郵便局への差出が一番遅かったのは、千葉県四街道市と長生村ですが、これも 11 月 25 日の時点で完了しています。この日から概ね 20 日程度で通知カードが配達されるため、12 月中旬には、一度、各家庭に配達されることとなりそうです。

Question 12

▼ PART2／マイナンバーの取得・収集・保管の業務

親会社が子会社の従業員のマイナンバーを収集することはできますか。また、人材派遣会社が、派遣登録をした登録者にマイナンバーの提供を求めることはできますか。

Answer

　親会社は、原則として、子会社の従業員のマイナンバーを収集することはできません。

　人材派遣会社も、原則として、登録者にマイナンバーの提供を求めることはできません。

　ただし、どちらについても、例外があります。

▼ 解　説

1　マイナンバー収集の原則

　民間企業では、原則として、役所にマイナンバー記載の書面を提出するためにのみ、マイナンバーの収集が許されます。

　子会社の個人番号関係事務の処理は子会社が行うのが通常ですので、親会社であっても、子会社の従業員のマイナンバーを収集することは許されません。

2　マイナンバー収集の例外的場合

　もっとも、子会社の従業員等となった時点で、子会社との雇用関係に基づいて親会社からストックオプションの交付を受けることが予想される場合など、親会社に、子会社の従業員の個人番号関係事務を処理する必要性が生じる場合もあり得ます。このような場合には、必要性が認められる時点で、親会社が子会社から、その従業員のマイナンバーの提供を受けることができます。

32

3 人材派遣会社の場合の原則

なお、親会社と子会社の関係に近い場合として、人材派遣会社が、派遣登録をした登録者にマイナンバーの提供を求めることができるか、という問題もあります。

上記の通り、民間企業では、原則として、個人番号関係事務を処理する必要性が認められる場合にのみ、マイナンバーの収集が許されます。

人材派遣会社に登録すること自体は雇用契約ではありません。また、その後、雇用契約に結び付くかについては、登録の時点では不確定です。

したがって、単に人材派遣会社に登録した時点では、給与の源泉徴収事務などの個人番号関係事務を処理する必要性が認められるとはいえないため、人材派遣会社は原則として、登録者にマイナンバーの提供を求めることはできません。

4 人材派遣会社の場合の例外

例外的に、マイナンバーの提供を求める機会が登録時にしか存在しない場合や、登録者との間で近いうちに雇用契約が成立する可能性が高いといえるような場合であれば、給与の源泉徴収事務などの個人番号関係事務を処理する必要性が認められるため、人材派遣会社が、派遣登録をした登録者にマイナンバーの提供を求めることも許されると考えられます。

▼ PART2／マイナンバーの取得・収集・保管の業務

採用内定者にマイナンバーの提供を求めることはできますか。

Answer

　企業が、採用内定者にマイナンバーの提供を求めることは、原則として、できません。ただし、内定の段階に応じて、可能になる場合もあり得ます。

▼ 解　説

1　内定者からのマイナンバー収集の原則

　Q12でも見た通り、民間企業では、原則として、個人番号関係事務を処理する必要性が認められる場合にのみ、マイナンバーの収集が許されます。

　まだ採用内定を出しているに過ぎない段階では、当該内定者が入社するかどうか不確定であり、個人番号関係事務を処理する必要性は、まだ生じていません。

　したがって、単に内定を出しただけでは、当該内定者からマイナンバーを収集することはできないと考えた方が安全です。

2　内定者からのマイナンバー収集の例外

　もっとも、「内定」といっても、内定を出した当日から就職の前日までの間に、雇用関係に至る可能性は段階的に上昇します。

　当該内定者が確実に雇用されると予想される具体的な事情がある場合においては、その時点で、企業には個人番号関係事務を処理する必要性が認められるといえます。

　具体的には、当該内定者に正式な採用内定通知がされ、内定者が入社に関する誓約書を企業に提出した場合などです。

したがって、このような条件が揃えば、企業が内定者に対して、マイナンバーの提出を求めることも許されると考えられます。

3　実務上の対応

　もっとも、内定者が正式に入社した後、すみやかにマイナンバーの提供を求めれば業務上の支障は生じないケースが多いと考えられます。

　トラブルが生じることを未然に防止するためには、内定段階でマイナンバーを収集することについては、慎重になるべきでしょう。

Plus One Point ──────────────────────── **Column**

マイナンバー詐欺にご用心！

　マイナンバーの開始に伴って、世の中にはマイナンバー詐欺を企む者もいるでしょう。

　「マイナンバーが不正に流出したため、解決金として」、「あなたのマイナンバーを削除するための費用として」、「マイナンバーで還付金が受け取れる」など、様々な手口が登場することは想像に難くありません。

　しかし、これらは新手の架空請求のようなものです。

　大切なことは、マイナンバーを提供してはいけない、お金を支払ってはいけないということの2点です。

Question 14

▼ PART2／マイナンバーの取得・収集・保管の業務

本人確認は、マイナンバーの提供を受けるたびに行わなければならないのですか。

Answer

マイナンバーの提供を受ける場合、本人確認も、その都度行う必要があります。ただし、本人確認の程度は、2回目以降は、最初の本人確認よりも緩和されます。

▼ 解 説

1 マイナンバーの提出を求める場合

マイナンバーは、従業員からマイナンバーを記載した書類の提出を毎年受ける場合や、従業員のマイナンバーに変更があった場合などには、同じ人物から複数回、収集することも考えられます。

マイナンバーの提供を受ける場合、本人確認も、その都度行う必要がある点に注意が必要です。

もっとも、2回目以降の番号確認の際には手続きが簡略化されます。必ずしも個人番号カードや通知カードの提示を受ける必要はなく、企業がすでに取得済みのマイナンバー記録と照合するという方法によることも可能です。

なお、企業は、本人確認のために従業員から取得した本人確認書類について、保存義務を負っているわけではありませんが、コピーを保存しておくことが禁止されているわけでもありません。安全管理措置を講じた上で、保管しておくという運用をしておくと、再度の本人確認の際に便利です。

2 従業員のマイナンバーが変更された場合

上記の場合以外にも、従業員のマイナンバーが変更された場合に備

36

えて、企業は定期的に従業員のマイナンバーを確認し、最新の情報に
アップデートしておく必要があります。

Plus One Point ──────────────────────────────── **Column**

従業員のマイナンバーを収集できなかった企業は？

　企業には従業員のマイナンバーを収集する義務がありますが、企業がマイ
ナンバーを従業員から収集できなかった場合であっても、特にその企業に対
して罰則等が規定されているわけではありません。したがって、企業は従業
員からマイナンバーを収集しなくても、マイナンバー法上の罰則はないので
す。

Question 15

▼ PART2／マイナンバーの取得・収集・保管の業務

マイナンバーを収集する際の本人確認の方法を教えてください。

Answer

本人確認のためには、①番号確認と、②身元確認の２点を行う必要があります。本人確認は、対面／郵送による方法と、オンライン（電子メールや情報システムなど）による場合とで方法が変わるため、確認方法に合った本人確認を行う必要があります。

▼ 解 説

1 本人確認

本人確認のためには、①番号確認と、②身元確認の２点を行う必要があります。

① 番号確認：正しい個人番号であることを確認すること
② 身元確認：提供を行う者が番号の正しい持ち主であることを確認すること

2 マイナンバーの収集方法

マイナンバーの収集方法は、対面／郵送による方法と、オンライン（電子メールや情報システムなど）による場合とが考えられます。

3 対面／郵送による方法

（1）番号確認

対面／郵送による方法であれば、番号確認は「通知カード」や住民票の写しで足ります。

38

（2）身元確認

　身元確認のためには、運転免許証やパスポートなどを用いるのが通常です。もしも、運転免許証やパスポートをお持ちでない場合には、「個人番号利用事務等実施者が発行し、個人識別事項（※氏名および生年月日または住所）が確認できる書類で、個人番号利用事務実施者が認めるもの」の中から2つ以上の書類が必要になります。

　例として、健康保険証や国民年金手帳、社員証などが挙げられます。

4　オンラインで確認する方法

（1）番号確認

　オンラインでの確認の場合、番号確認の方法としては、個人番号カードや通知カード、住民票の写しなどで足りるため、対面／郵送による方法と大きな違いはありません。

（2）身元確認

　身元確認の方法としては、「個人番号利用事務実施者が認めるシステム上の認証措置」が必要になるため、ＩＤ・パスワードによる認証や静脈・指紋などによる生体認証などが必要になります。

Question 16

▼ PART2／マイナンバーの取得・収集・保管の業務

従業員にマイナンバーの提供を求めたにもかかわらず、マイナンバーが提供されない場合、どうすればよいですか。

Answer

　まずは、従業員の説得を試みます。従業員が応じない場合には、応じない理由と説得の経過を記録しましょう。

▼ 解　説

1　マイナンバー通知前の措置

　マイナンバーは、必ずしもすべての通知対象者に浸透しているわけではありません。したがって、従業員のマイナンバーに対する理解は必ずしも高くはないと予想した上で、対策を講じる必要があります。

2　マイナンバー通知後の措置

　マイナンバーが国民一人一人に通知された後は、企業は、各従業員に対してマイナンバーの提供を求めることになります。

　従業員に対してマイナンバーの提供を求めたにもかかわらず、従業員が応じない場合には、まずは、マイナンバー制度の趣旨を伝え、当該従業員に対してマイナンバーの提供に応じるように促す必要があります。

　「給与の源泉徴収票などにマイナンバーを記載することは、法令で定められた企業の義務である」という趣旨の説得を試みてください。

3　経緯の記録

　それでも従業員が応じない場合には、当該従業員の説得を試みたも

のの、マイナンバーの提供を受けられなかったという経緯を理由とともに記録に残しておきましょう。

その上で、税務署などマイナンバーの記載された書類を提出する機関の指示を仰ぐようにしてください。

4 就業規則との関係

就業規則によって、従業員は企業に対してマイナンバーの提出を拒んではならないと積極的に定めることも、マイナンバーの収集を円滑に進める一つの方法です。

また、就業規則にマイナンバーと明記されていなくても、就業規則の解釈として、従業員は企業に対してマイナンバーを提示する義務を当然に負うと、企業が主張することは可能な場合が多いと考えられます。

Plus One Point ───────────────────── **Column**
自己のマイナンバーを積極的に公開したらどうなる？

　マイナンバーが届いた後、インターネット等に自己のマイナンバーを積極的に公開した場合にも、マイナンバー法上、罰則等は規定されていません。
　もっとも、インターネット上で第三者が他人のマイナンバーを閲覧できる状況は、「特定個人情報の提供の制限」（法19条）に反するとして、特定個人情報保護委員会が、掲載されたサイトに対して削除要請を行う可能性はあります。

Question 17

▼ PART2／マイナンバーの取得・収集・保管の業務

従業員の扶養家族のマイナンバーも収集する必要がありますか。その際、本人確認はどのように行えばよいですか。

Answer

従業員の扶養家族のマイナンバーも収集する必要があります。その際の本人確認の方法は、大きく4パターンに分かれます。

▼ 解　説

1　従業員の扶養家族のマイナンバー

　企業は、単に従業員のマイナンバーだけでなく、従業員の扶養家族についても、マイナンバーを収集する必要があります。マイナンバーを収集する際、本人確認を行うことは必須ですので、従業員の扶養家族についても、本人確認をする必要があります。

2　本人確認の方法

　本人確認の方法は、大きく4パターンに分かれます。

（1）窓口で確認する方法

　1つめは、従業員の扶養家族が企業に赴き、窓口で本人確認を受ける方法です。その際の、本人確認の方法は、従業員自身の本人確認と同様になります。もっとも、この方法による場合には、従業員の扶養家族が企業まで行くという負担が大きく、特に規模の大きい企業にとっては、現実的な選択肢とはいえません。

（2）従業員が「個人番号関係事務実施者」として確認する方法

　2つめの方法として、従業員が「個人番号関係事務実施者」として、扶養家族のマイナンバーの収集と本人確認を行い、その結果を企

業に対して報告するという方法があります。この方法は、「税の年末調整」など、従業員が個人番号関係事務実施者に該当する場合に多く活用されることが予想されます。従業員がその扶養家族の本人確認を行うため、企業が従業員の扶養家族の本人確認を行う必要はありません。

（3）従業員が扶養家族の代理人として確認する方法

　3つめの方法として、従業員がその扶養家族からの委任に基づいて、扶養家族の代理人の立場で企業に対してマイナンバーを提供する場合が考えられます。これは、「国民年金（第3号被保険者）の届出」など、企業が従業員の扶養家族の本人確認を行う必要がある場合に採られることが予想される構成です。この場合には、①申請者本人の番号確認と、②提示者が代理人であることの確認、③委任状などの代理権を証明するもの、の3点が必要になります。

（4）従業員が、企業から委託を受けて確認する方法

　4つめの方法として、従業員が、企業から委託を受けて、その扶養家族からマイナンバーの提供を受けることも考えられます。この場合には、企業は従業員にマイナンバーの収集・本人確認業務を委託しているわけですから、従業員の扶養家族の本人確認は、従業員が行います。企業が改めて従業員の扶養家族の本人確認を行う必要はありません。

Question 18

▼ PART2／マイナンバーの取得・収集・保管の業務

マイナンバーは一生変わらないのですか。また、マイナンバーが変わった場合、マイナンバーを収集していた企業には通知されるのですか。

Answer

　マイナンバーは、原則として、一生変更されませんが、例外的に変更される場合もあります。

　なお、変更された場合でも、対象となるマイナンバーを保管する企業への通知はされません。

▼ 解 説

1　マイナンバーの不変性

　マイナンバーは、原則として生涯同じ番号を使い続けることが想定されています。したがって、一度割り当てられたマイナンバーを自由に変更することはできません。

　もっとも、マイナンバーが漏えいして不正に用いられるおそれがあると認められる場合に限り、本人の申請または市町村長の職権により変更されることがあり得ます。

　したがって、マイナンバーは、一生変わらないというわけではありません。

2　企業への通知の有無

　また、マイナンバーが変更された場合にも、従業員からマイナンバーを収集していた企業に対して、行政から変更の通知がされるわけではありません。

　したがって、企業は定期的に、従業員のマイナンバー提示を求めることによって、常に、その管理する従業員のマイナンバーが最新のも

のであるかを確認する必要があります。

3　法人番号について

　なお、企業に割り当てられる法人番号は、変更されることはありません。これは、法人番号は公開されるための番号であり、流出の危険が考えられないためです。

Plus One Point ──────────────────────── **Column**
マイナンバーを収集することとしないことのメリットとデメリット

　企業が従業員からマイナンバーを収集した場合には、そのマイナンバーを保管し、最終的に廃棄するまで責任をもって管理しなくてはなりません。マイナンバーの収集後に、故意に流出させた場合などには、企業は大きな責任を負うことになります。

　これに対して、企業が従業員のマイナンバーを収集しなかった場合には、マイナンバーの保管に伴う責任を負うことはありません。また、Q14のコラムで解説した通り、マイナンバーを収集しないことで、マイナンバー法上の罰則等があるわけでもありません。

　結局、企業は従業員のマイナンバーを収集しない方が、マイナンバー法上の責任を負わなくて済むというメリットがあるという不思議な結論になるのです。

Question 19

▼ PART2／マイナンバーの取得・収集・保管の業務

収集したマイナンバーはどのくらいの期間保管しなければならないのですか。また、保管期間の経過後、収集したマイナンバーを削除する義務はありますか。休職中の従業員のマイナンバーの扱いとあわせて教えてください。

Answer

　原則としては、雇用関係にあり、法定調書等にマイナンバーを記載する必要がある期間と、その後に定められた一定期間が経過するまでの間、企業はマイナンバーを保管する必要があります。

　休職している従業員のマイナンバーも、企業は保管する必要があります。

▼ 解　説

1　マイナンバーの保管期間

　事業者が従業員のマイナンバーを保管できるのは、その必要性がある場合に限られます。

　したがって、原則としては、雇用関係にあり、法定調書等にマイナンバーを記載する必要がある場合でなければ、マイナンバーを削除・廃棄する必要が生じます。

　保管期間については、所管法令にて具体的な保存期間が定められているため、所管法令に従うことになります。

2　扶養控除等の（異動）申告書の保存期間の場合

　例として、扶養控除等の（異動）申告書の保存期間は、提出期限の属する年の翌年1月10日の翌日から7年を経過する日までと定められています。

たとえば、扶養控除等の（異動）申告書の提出期限が平成28年中であったとすると、翌年（平成29年1月10日）の翌日（同年1月11日）から7年を経過する日までですから、平成36年1月10日まで、企業には保存義務があることになります。

　したがって、7年の期間が経過するまでは、対象となる従業員のマイナンバーを保存しておく必要がありますが、その期間が経過した後は、すみやかに削除・廃棄する必要があります。

3　休職者のマイナンバー

　なお、従業員が長期間にわたって休職しているような場合であっても、雇用関係が継続しているのであれば、事業者は、法定調書等にマイナンバーを記載する必要があるため、休職者のマイナンバーは、保管し続ける必要があります。

Question 20

▼ PART3／マイナンバーの利用に関する業務

従業員のマイナンバーを企業が利用できる範囲は限定されているのですか。また、収集・保管した目的の範囲を超えて、マイナンバーを利用できますか。

Answer

従業員のマイナンバーを企業が利用できる範囲は限定されています。収集・保管した目的の範囲を超えて、マイナンバーを利用することは原則としてできませんが、例外が定められています。

▼ 解　説

1　マイナンバーの目的外利用の原則禁止

マイナンバーの利用とは、マイナンバーを用いた特定個人情報の検索・保存・他のシステムへの転記／入力などのことをいいます。

マイナンバー法上、マイナンバーを利用できる範囲は収集目的の範囲内に限定されており、マイナンバーの目的外利用は原則として禁止されています。

マイナンバーの利用が認められるのは、

① 当年以降の源泉徴収票作成事務に用いる場合
② 退職者について再雇用契約が締結された場合
③ 講師との間で講演契約を再度締結した場合
④ 不動産の賃貸借契約を追加して締結した場合
⑤ 合併等の場合

の５つの場合です。

2　マイナンバーの目的外利用の例外

例外的に目的外利用が認められるのは、

> ①　金融機関等が激甚災害時等に金銭の支払いを行う場合
> ②　生命、身体または財産を保護するために必要な場合であって、本人の同意があり、または本人の同意を得ることが困難である場合

の２つの場合です。

　したがって、上記に該当しない場合に、マイナンバーを利用することはできません。

3　具体例の検討

　以上から、たとえば、企業が収集したマイナンバーを営業に利用することなどはできないことになります。

　他方で、東日本大震災のような大規模な地震が発生した場合に、保険会社が保険金の支払いをするためマイナンバーを利用することは、上記の例外①に該当するため、可能であると考えられます。

Plus One Point ──────────────────────────── **Column**
マイナンバーで焼肉サービス？

　お客のマイナンバーのどこかに、「1129（いいにく）」や「2929（にくにく）」などの肉にちなんだ４ケタの数字が含まれている場合には焼肉４人前を無料で提供するなどのサービスが大阪の焼肉店で登場しました。

　マイナンバー法上、マイナンバーの一部を開示することは想定されていないため、罰則の対象にはなりません。もっとも、マイナンバーの一部を利用することによっても、マイナンバーの利用を制限する個人情報保護の趣旨が実質的に害される場合もありそうです。

　したがって、企業においては、マイナンバーの一部の利用についても、方針を明確にする必要があるでしょう。

　ちなみに、この企画を発案した焼肉店に対しては、マイナンバー制度を所管する内閣官房が自粛を求めたため、同サービスは事実上なくなったようです。

Question 21

▼ PART3／マイナンバーの利用に関する業務

マイナンバーの取得後に、利用目的を追加・変更することはできますか。また、いくつかの個人番号関係事務でマイナンバーを利用する可能性がある場合に、予想されるすべての目的について、本人に対する事前の包括的な通知は可能ですか。

Answer

　マイナンバーの取得後に、利用目的を追加・変更することはできません。
　複数の利用目的をあらかじめ、まとめて明示することは可能です。

▼ 解 説

1　マイナンバーを利用できる事務

　マイナンバーを利用できる事務は、マイナンバー法によって限定的に定められています。源泉徴収票および社会保障の手続書類に従業員等のマイナンバーを記載して行政機関等および健康保険組合等に提出する場合が、マイナンバーを利用できる事務の代表例といえます。

2　マイナンバー取得後の利用目的の追加・変更の可否

　マイナンバーを取得した後は、たとえマイナンバー提供者の同意があったとしても、利用目的（マイナンバーを利用できる事務の範囲で特定した利用目的）を超えてマイナンバーを他の事務に利用することはできません。マイナンバーの取得後に、利用目的を追加・変更することもできません。

3 複数の利用目的をあらかじめ、まとめて明示することの可否

複数の利用目的をあらかじめ、まとめて明示することは可能ですが、利用目的を後から追加することはできないため、最初の段階で利用目的を広めに設定しておくなどの対策が考えられます。

Plus One Point ──────────────────────── **Column**
NHK の受信料徴収に活用？

マイナンバーを NHK の受信料徴収に活用することを骨子とした提案書が、自民党の「放送法の改正に関する小委員会」から NHK に提出されました。これに対して、NHK の籾井勝人会長は、前向きな姿勢を示したと報じられています（平成 27 年 10 月 1 日現在）。

マイナンバーの利用は、当初、「社会保障・税・災害対策」に限定されていましたが、実際にマイナンバーが国民に通知されるよりも前に、マイナンバー制度の目的は広がりつつあるようです。

▼ PART3／マイナンバーの利用に関する業務

マイナンバーの「提供」とは何ですか。マイナンバーを提供する際の注意点を教えてください。

Answer

マイナンバーの「提供」とは、異なる（法）人格間でマイナンバーを使うことをいいます。
「提供」にあたる場合、「利用」の場合よりも、規制内容が厳しくなります。

▼ 解 説

1 マイナンバーの「収集」と「提供」の区別

マイナンバーを「提供」するという表現が、「収集」の意味で使われることがあります。

たとえば、「従業員にマイナンバーを『提供』させる」という表現です。

しかし、マイナンバー法上の「提供」とは、あくまでも、企業がマイナンバーをやりとりする行為に着目するものですから、上記の例での「提供」は、マイナンバー法上の「収集」の意味になります。

2 マイナンバーの「利用」と「提供」の区別

マイナンバー法では、「利用」と「提供」が分けて規定されており、規制内容も異なります。

「利用」とは、同一の（法）人格の中でマイナンバーを使うことをいいます。

これに対して、「提供」とは、異なる（法）人格間でマイナンバーを使うことをいいます。

「利用」に該当する場合、目的内利用が原則で、目的外利用は限定

的場面でしか許されません。

　これに対して、「提供」に該当する場合には、その目的を問わず、マイナンバー法19条各号に該当する場合以外については、規制の対象となります。

3　「利用」と「提供」の具体例

　たとえば、同じ会社のA部署からB部署にマイナンバーが渡された場合には、同一の法人格の中でマイナンバーを使っているため、「利用」にあたります。

　他方で、同じグループ会社であっても、C社からD社にマイナンバーが渡された場合には、C社とD社という異なる法人格間でマイナンバーをやりとりすることになるので、「提供」にあたります。

　「提供」の場合には、「利用」の場合とは違い、目的内提供／目的外提供という概念自体が存在しません。マイナンバーの「提供」が許されるのは、マイナンバー法19条各号に該当する場合だけですから、各号該当性からその適法性の判断をすることになります。

　したがって、まずは、マイナンバーのやりとりが「利用」にあたるのか「提供」にあたるのかを判断した上で、「提供」にあたる場合には、法19条を参照し、各号のうちの1つに該当するかについて検討する必要があります。

▼ PART3／マイナンバーの利用に関する業務

取得した従業員やその扶養家族のマイナンバーを、当該従業員が加入している健康保険組合に提供してもよいですか。また、従業員の出向先の子会社に対してはどうですか。

Answer

　取得した従業員やその扶養家族のマイナンバーを当該従業員が加入している健康保険組合に提供することはできます。
　これに対して、従業員の出向先の子会社に対して親会社がマイナンバーを提供することはできません。

▼ 解　説

1　健康保険組合への提供の可否

　事業者が取得した従業員やその扶養家族のマイナンバーを当該従業員などが加入している健康保険組合に提供してもよいか、という問題を検討してみましょう。

　まず、事業者と健康保険組合は別の人格ですので、事業者の取得したマイナンバーを健康保険組合に渡す行為は「提供」にあたります。そこで、法19条を参照することになります。

　事業者は個人番号関係事務実施者（法19条2号）にあたるため、法19条に該当します。

　よって、事業者から健康保険組合にマイナンバーを提供することは可能、という結論になります。

2　従業員の出向先の子会社への提供の可否

　従業員が子会社に出向する場合、自社で管理する当該従業員のマイナンバーを子会社に提供することが可能かを検討します。

子会社は親会社とは別の法人格ですから、本件は「提供」に該当し、法19条を参照することになりますが、同条に該当する例外規定はありません。

　したがって、親会社が子会社に対して、親会社で管理している当該従業員のマイナンバーを提供することは原則としてできません。

　もっとも、共有データベースにマイナンバーが記録されており、そのマイナンバーを出向者本人の意思に基づく操作により出向先に移動させる方法をとれば、当該従業員が出向先に対して、新たにマイナンバーを提供したものとみなされるため、提供制限には違反しないと考えられます。

Plus One Point ──────────────────── **Column**

マイナンバーを提供できるのはどんな場合？

　マイナンバー法19条各号に記載された、マイナンバーを提供できる主な場合は、以下の通りです。

　　1号　個人番号利用事務実施者からの提供
　　2号　個人番号関係事務実施者からの提供
　　3号　本人又は代理人からの提供
　　5号　委託、合併等に伴う提供
　　7号　情報提供ネットワークシステムを通じた提供
　　11号　特定個人情報保護委員会からの提供の求め
　　13号　人の生命、身体又は財産の保護のための提供

Question 24

▼ PART3／マイナンバーの利用に関する業務

企業が「個人番号利用事務実施者」になるのはどのような場合ですか。「個人番号関係事務実施者」とはどのような違いがありますか。

Answer

　「個人番号利用事務実施者」とは、行政機関等の行政事務を処理する者が、その保有する特定個人情報ファイルにおいてマイナンバーを効率的に検索および管理するために必要な限度でマイナンバーを利用して処理する事務の処理者をいいます。

　「個人番号関係事務実施者」とは、「個人番号利用事務」に関して行われる他人のマイナンバーを必要な限度で利用して行う事務の処理者をいいます。

▼ 解　説

1　「個人番号利用事務実施者」とは

　Q23 で、「個人番号関係事務実施者」という概念が登場しました。これに対して、本設問にあるように、「個人番号利用事務実施者」という概念も存在します。

　まず、「個人番号利用事務」とは、行政機関等の行政事務を処理する者が、その保有する特定個人情報ファイルにおいて個人情報を効率的に検索および管理するために必要な限度でマイナンバーを利用して処理する事務をいい、「個人番号利用事務実施者」は、この事務の処理者およびその委託を受けた者をいいます。

2　「個人番号関係事務実施者」とは

　これに対して、「個人番号関係事務」とは、「個人番号利用事務」に関して行われる他人のマイナンバーを必要な限度で利用して行う事務

であり、「個人番号関係事務実施者」とは、この事務を処理する者およびその委託を受けた者をいいます。

3　具体例

　民間事業者であっても、①基金型の確定給付企業年金の実施者である事業主、②企業型年金である確定拠出年金を実施する厚生年金適用事業者に該当する場合には、「個人番号利用事務実施者」にあたります。

　これに対して、およそ従業員等を有するすべての事業者がマイナンバーを取り扱うこととなるのが「個人番号関係事務」であり、「個人番号関係事務実施者」です。

Plus One Point ──────────────────────────── **Column**

マイナンバー占い!?

　平成 27 年 5 月 15 日付けで、「マイナンバー占い」という名称が商標登録出願されました（商願 2015-50403）。個人情報とマイナンバーを入力すると何か占いのような結果が表示されるインターネットサイトの類が想像されますが、安易に個人情報を入力してはいけないことは言うまでもありません。

Question 25

▼ PART4／マイナンバーの管理と外部委託

従業員のマイナンバーは、どのように管理すればよいですか。当社は従業員が3人しかいないのですが、どこまでの対応が必要ですか。

Answer

　個人番号関係事務実施者は、個人番号の漏えい、滅失または毀損の防止その他の個人番号の適切な管理のために必要な措置、いわゆる安全管理措置を講ずることが義務付けられています。もっとも、中小規模事業者については簡易な安全管理措置の手法で足りる場合もあります。

▼ 解　説

1　安全管理措置を講ずる義務

　個人番号関係事務実施者は、個人番号の漏えい、滅失または毀損の防止その他の個人番号の適切な管理のために必要な措置、いわゆる安全管理措置を講ずることが義務付けられています。

　したがって、事業者が従業員のマイナンバーを管理する際は、安全管理措置を講じた上で管理を行う必要があります。

2　安全管理措置の内容

　では、安全管理措置とは具体的にどのようなものをいうのでしょうか。

　安全管理措置については、委員会ガイドラインが策定されており、その中で特定個人情報に関する安全管理措置の検討手順および講ずべき安全管理措置の内容が示されています。

　まず、委員会ガイドラインでは安全管理措置の検討手順として、①個人番号を取り扱う事務の範囲を明確化する、②特定個人情報等の範

囲を明確化する、③事務取扱担当者を明確化する、④基本方針を策定
する、⑤取扱規程等を策定するという手順で安全管理措置を検討して
いくこととされています。

　次に、安全管理措置の内容として、①基本方針の策定、②取扱規程
等の策定、③組織的安全管理措置、④人的安全管理措置、⑤物理的安
全管理措置、⑥技術的安全管理措置についてそれぞれ委員会ガイドラ
インに示されています。委員会ガイドラインに示されている安全管理
措置の内容は手法の例示とされ、事業者の規模および特定個人情報等
を取り扱う事務の特性等により、適切な手法を採用することが重要で
あるとされています。

　したがって、安全管理措置を具体化する際には、自社の規模や特定
個人情報を取り扱う事務はどのようなものがあるかを十分検討した上
で、行わなければならないこととなります。

3　中小規模事業者における対応

　事業者のうち従業員の数が 100 人以下の事業者は一定の場合を除
き中小規模事業者とされ、この中小規模事業者について、委員会ガイ
ドラインでは特例的に簡易な安全管理措置の手法が示されています。

　しかし、中小規模事業者であってもより高度な安全管理措置をとる
ことは禁止されているわけではないので、委員会ガイドラインに示さ
れた中小規模事業者以外の者がとるべき安全管理措置を採用すること
は望ましい対応であるとされています。

Question 26

▼ PART4／マイナンバーの管理と外部委託

> マイナンバーを管理するにあたり、中小規模事業者の場合、どのような安全管理措置を講じればよいですか。

Answer

> 安全管理措置については特定個人情報保護委員会の策定するガイドラインに沿って、①基本方針の策定、②取扱規程等の策定、③組織的安全管理措置、④人的安全管理措置、⑤物理的安全管理措置、⑥技術的安全管理措置の6つを軸に講じていくこととなります。

▼ 解 説

1 安全管理措置とは

　個人番号関係事務実施者は個人番号の適切な管理のための必要な措置を、個人情報取扱事業者および個人番号取扱事業者は特定個人情報の安全管理のために必要かつ適切な措置を講じる義務があります（マイナンバー法12条、個人情報保護法20条）。

　これは、個人情報がずさんな取扱いにより漏えい、改ざん等が行われた場合、個人の権利利益が侵害されるおそれが増大することとなるため、取り扱う特定個人情報が、漏えい、滅失またはき損の危険にさらされることのないよう安全に管理することが必要なためです。

2 安全管理措置の具体的な内容

　具体的にどのような安全管理措置を講ずるべきかについては、委員会ガイドラインが参考になります。

　委員会ガイドラインにおいては、①基本方針の策定、②取扱規程等の策定、③組織的安全管理措置、④人的安全管理措置、⑤物理的安全管理措置、⑥技術的安全管理措置の6つが定められています。このう

ち①以外の項目については義務規定となっています。これら安全管理措置の具体的な対応については、事業者の規模および特定個人情報等を取り扱う事務の特性等により、どのような対応をとるべきかが変わってきます。また、安全管理措置を講じるだけではなく、従業者に特定個人情報等を取り扱わせる場合には、特定個人情報等の安全管理措置が適切に講じられるよう、従業者に対し必要かつ適切な監督を行うことが求められています。

3　中小規模事業者における対応

　安全管理措置については、事業者のうち従業員の数が 100 人以下の事業者のうち一定の者を除く事業者（中小規模事業者）については、委員会ガイドラインが特例的に簡易な対応を明示しています。したがって、中小規模事業者においては、基本的にこの特例的な対応に沿って安全管理措置を講ずることになるでしょう。

Question 27

▼ PART 4／マイナンバーの管理と外部委託

当社は従業員が 30 人程度の小さな会社ですが、安全管理措置は大企業と同レベルのものを構築しなければならないのですか。

Answer

　原則として、大企業と同レベルの安全管理措置を構築しなければならないわけではありません。従業員の数が 100 人以下の「中小規模事業者」には、例外が設けられているためです。

▼ 解　説

1　「中小規模事業者」と例外規定

　従業員の数が 100 人以下の事業者を「中小規模事業者」といいます。「中小規模事業者」については、安全管理措置について特例が設けられています。

　したがって、原則として、従業員が 30 人程度の小さな会社が、大企業と同レベルの安全管理措置を構築しなければならないというわけではありません。（例外的に、a. 個人番号利用事務実施者、b. 委託に基づいて個人番号関係事務または個人番号利用事務を業務として行う事業者、c. 金融分野の事業者、d. 個人情報取扱事業者は「中小規模事業者」にはあたらず、大企業と同じ安全管理措置の構築が求められます）。

2　「中小規模事業者」に例外が認められる理由

　従業員数の基準が 100 人以下とされているのは、①マイナンバー法においては、小規模事業者にも同様の安全管理措置を課しているが、事業者については、個人番号関係事務がほとんどであり、扱う個人情報の量は主として従業員数に比例するものであること、②中小企

業基本法では、業種分類により従業員数の基準を変えているが、委員会ガイドラインにおいては、業種によって従業員数の基準を変える合理性はないことといった事項を考慮し、制度の円滑な導入、事業者の負担、マイナンバーの数量等による影響等を総合的に勘案したものです。

Plus One Point ─────────────────── **Column**
委員会ガイドラインと安全管理措置
　委員会ガイドラインの「（別添）特定個人情報に関する安全管理措置（事業者編）」においては、特定個人情報等の保護のために必要な安全管理措置について本文で示し、その具体的な手法を例示するとともに、中小規模事業者における対応方法が別記されています。
　本書の巻末に、「中小規模事業者における対応方法（抜粋）」を掲載していますので、ご参照ください。

▼ PART4／マイナンバーの管理と外部委託

> 源泉徴収票を作成する事務はどのようにしたらよいですか。従業員への給与支払いの場合を中心に説明してください。

Answer

平成28年1月以後の支払いに係る給与所得の源泉徴収票には、給与の支払いを受ける方等のマイナンバーを記載する必要があるため、従業員や控除対象配偶者、扶養親族等のマイナンバーの提供を受け、これを源泉徴収票に記載しなければなりません。

▼ 解　説

1　源泉徴収票へのマイナンバーの記載

　事業者は、所得税法226条1項により源泉徴収票を提出することが義務付けられています。また、源泉徴収票の記載事項は所得税法施行規則93条に定められています。所得税法施行規則93条はマイナンバー法の成立に伴い改正されており（以下、「改正所得税法施行規則」といいます）、平成28年1月1日以降、所轄税務署長に提出する源泉徴収票については、従来記載していたその給与等の支払いを受ける者の氏名および住所または居所に加え、マイナンバーを記載することが必要となります（改正所得税法施行規則93条）。このほか、従来記載していた控除対象配偶者の有無や控除対象扶養親族の数に加え、これらの者の氏名およびマイナンバーも記載することが必要となります（改正所得税法施行規則93条）。なお、支払いを受ける本人に交付する源泉徴収票には、マイナンバーの記載は行いません。

2　マイナンバーの提供の求め

　事業者は、源泉徴収票に給与の支払いを受ける者やその控除対象配

偶者、控除対象扶養親族のマイナンバーを記載しなければならないた
め、これらの者のマイナンバーの提供を受ける必要があります。個人
番号関係事務実施者は、個人番号関係事務を処理するために必要があ
るときは本人に対しマイナンバーの提供を求めることができますので
（マイナンバー法14条1項）、事業者は従業員に対し、源泉徴収票作
成事務や健康保険・厚生年金保険届出事務に使用するなど目的を明示
した上で、従業員に対しマイナンバーの提供を求めることができます。

3　マイナンバーの提供を受ける際の本人確認

　事業者はマイナンバー法14条によりマイナンバーの提供を受ける
際、本人確認を行うことが義務付けられています（マイナンバー法
16条）。

　まず、本人からマイナンバーの提供を受ける場合、原則として①個
人番号カードの提示を受けるか、②通知カードの提示を受けた上で運
転免許証などの本人の身元確認書類の提示を受ける必要があります。
このほか、マイナンバーを確認する書類として住民票の写しの提示を
受けた上で、本人の身元確認書類として運転免許証等の提示を受ける
方法などもあります。

　次に、本人の代理人から個人番号の提供を受ける場合の本人確認の
方法について説明します。従業員から控除対象配偶者や控除対象扶養
親族のマイナンバーの提供を受ける場合には、この方法によることも
あるでしょう。本人確認のために必要な書類は、代理権確認書類、代
理人の身元確認書類および本人の番号確認書類の3つです。代理権確
認書類とは、戸籍謄本や委任状などであり、代理人の身元確認書類は
代理人の個人番号カードや運転免許証等です。また、本人の番号確認
書類とは本人の個人番号カードなどです。

　事業者はこれらの書類により、本人確認をしなければならないため
注意が必要です。

Question 29

▼ PART 4／マイナンバーの管理と外部委託

「基本方針の策定」とは何ですか。これを作る際の参考にすべき「ひな型」はありますか。

Answer

ガイドラインにおいて、企業は安全管理措置の一つとして特定個人情報等の適正な取扱いの確保について組織として取り組むために基本方針を策定することが重要であるとされています。現在までひな形はありませんが、すでに個人情報取扱に関する基本方針を策定している場合には、それをベースとして策定することも可能です。

▼ 解　説

1　基本方針の策定とは

個人番号関係事務実施者はマイナンバーの適切な管理のための必要な措置を、個人情報取扱事業者および個人番号取扱事業者は特定個人情報の安全管理のために必要かつ適切な措置を講じる義務があります（マイナンバー法12条、個人情報保護法20条）。

安全管理措置については、委員会ガイドラインが指針を示しており、企業は安全管理措置の一つとして特定個人情報等の適正な取扱いの確保について組織として取り組むために基本方針を策定することが重要であるとされています。この基本方針の策定は義務付けられているものではありません。また、基本方針を策定した場合でも、これを公表することが義務付けられているわけではありません。

2　基本方針に定めるべき内容とは

基本方針に定めるべき内容としては、事業者の名称、関係法令・ガイドライン等の遵守、安全管理措置に関する事項の他、質問および苦情処理の窓口などの定めを置くことが考えられます。このほか、特定

個人情報等の取扱状況を把握し、取扱方法等を改善していく旨を盛り込むことなども考えられます。もっとも、あくまで基本方針ですので、詳細な定めを置く必要はありません。詳細については、取扱規程等に定めることとなります。また、すでに個人情報取扱に関する基本方針を定めている会社においては、当該個人情報取扱に関する基本方針に修正を加えて対応することも可能です。

　なお、上述のように基本方針の策定は義務ではありません。しかし、従業員を一定数以上抱える会社、たとえば中小規模事業者以外の会社においては、基本方針の策定は企業コンプライアンス上も望ましいといえます。そのような企業においては基本方針の策定を前向きに検討すべきでしょう。

Plus One Point ——————————————— Column

基本方針の記載事項

　基本方針はあくまで「方針」であるため、細目にわたる事項まで定める必要はありません。「方針」としてどのような事項がふさわしいか、十分吟味したほうがよいでしょう。

▼ PART4／マイナンバーの管理と外部委託

「取扱規程等の策定」とは何ですか。中小企業は策定しなくてもよいのですか。

Answer

企業は安全管理措置の一つとして、特定個人情報等の具体的な取扱いを定める取扱規程等を策定することが義務付けられています。中小規模事業者においては取扱規程等の策定は必ずしも必須ではありませんが、特定個人情報等の取扱い方法などについて明確になっていれば足ります。

▼ 解　説

1　取扱規程等の策定とは

個人番号関係事務実施者はマイナンバーの適切な管理のための必要な措置を、個人情報取扱事業者および個人番号取扱事業者は特定個人情報の安全管理のために必要かつ適切な措置を講じる義務があります（マイナンバー法12条、個人情報保護法20条）。

安全管理措置については、委員会ガイドラインが指針を示しており、企業は安全管理措置の一つとして、特定個人情報等の具体的な取扱いを定める取扱規程等を策定しなければならないとされています。

2　取扱規程等に定めるべき事項とは

取扱規程に定める事項については、①取得する段階、②利用を行う段階、③保存を行う段階、④提供を行う段階、⑤削除・廃棄を行う段階に分け、それぞれの段階における取扱方法、責任者・事務取扱担当者およびその任務等について定めることがよいでしょう。

具体的な規定においては、会社としてとる組織的安全管理措置や人的安全管理措置、人的安全管理措置、物理的安全管理措置の内容を規

定に盛り込んでいくこととなるでしょう。この際、法が許容する範囲内で実施可能な措置を盛り込んでいくことが重要です。実施可能な措置でなければ、取扱規程が形骸化してしまうおそれがあるからです。

　なお、従業員の数が 100 人以下の事業者で一定の場合を除く事業者（中小規模事業者）における取扱規程等の策定については、必ずしも義務付けられているわけではありません。中小規模事業者について委員会ガイドラインでは、以下の対応でよいとされています。

- ・　特定個人情報等の取扱い等を明確化する。
- ・　事務取扱担当者が変更となった場合、確実な引継ぎを行い、責任ある立場の者が確認する。

　このうち、特定個人情報の取扱いの明確化の手法としては、口頭で明確化する方法のほか、業務マニュアルやチェックリスト等に特定個人情報等の取扱いを加えるなどの方法でもよいとされています。

Plus One Point ───────────────────── Column
取扱規程策定の注意点
　「取扱規程」といわれると立派な規定を作らなければならないと思いがちですが、自社で何がどこまでできるかを考えて作らなければ絵に画いた餅で終わってしまいます。

Question 31

▼ PART 4 ／マイナンバーの管理と外部委託

「組織的安全管理措置」とは何ですか。当社は組織的な対応が必要なほど大きくないのですが。

Answer

　企業は安全管理措置の一つとして、組織的安全管理措置を講じることが義務付けられており、組織的安全管理措置の内容として、a. 組織体制の整備、b. 取扱規程等に基づく運用、c. 取扱状況を確認する手段の整備、d. 情報漏えい等事案に対応する体制の整備、e. 取扱状況の把握および安全管理措置の見直しをすることが求められています。もっとも、中小規模事業者については、これらの措置につき一定の緩和がなされています。

▼ 解　説

1　組織的安全管理措置とは

　個人番号関係事務実施者はマイナンバーの適切な管理のための必要な措置を、個人情報取扱事業者および個人番号取扱事業者は特定個人情報の安全管理のために必要かつ適切な措置を講じる義務があります（マイナンバー法 12 条、個人情報保護法 20 条）。

　安全管理措置については、委員会ガイドラインが指針を示しており、企業は安全管理措置の一つとして、特定個人情報等の適正な取扱いのために、組織的安全管理措置を講じなければならないとされています。

2　組織的安全管理措置の内容

　では具体的に組織的安全管理措置として、どのようなことを行う必要があるのでしょうか。

　委員会ガイドラインでは組織的安全管理措置の内容として、a. 組

70

織体制の整備、b. 取扱規程等に基づく運用、c. 取扱状況を確認する手段の整備、d. 情報漏えい等事案に対応する体制の整備、e. 取扱状況の把握および安全管理措置の見直しをすることが求められています。これらの内容については次の表の通りです。

項　目	内　容
a. 組織体制の整備	安全管理措置を講ずるための組織体制を整備する
b. 取扱規程等に基づく運用	取扱規程等に基づく運用状況を確認するため、システムログまたは利用実績を記録する。
c. 取扱状況を確認する手段の整備	特定個人情報ファイルの取扱状況を確認するための記録等には、特定個人情報等は記載しない。
d. 情報漏えい等事案に対応する体制の整備	情報漏えい等の事案の発生または兆候を把握した場合に、適切かつ迅速に対応するための体制を整備する。 情報漏えい等の事案が発生した場合、二次被害の防止、類似事案の発生防止等の観点から、事案に応じて、事実関係および再発防止策等を早急に公表することが重要である。
e. 取扱状況の把握および安全管理措置の見直し	特定個人情報等の取扱状況を把握し、安全管理措置の評価、見直しおよび改善に取り組む。

3　中小規模事業者における対応

　従業員数が100人以下の事業者で一定の場合を除く事業者（中小規模事業者）については、上述の措置につき一定の緩和がなされており、事務取扱担当者が複数いる場合、責任者と事務取扱担当者を区分することや、特定個人情報等の取扱状況のわかる記録を保存することなどが求められます。

▼ PART4／マイナンバーの管理と外部委託

「人的安全管理措置」とは何ですか。当社は従業員が少ないので社長の私が1人で対応していますが、それでよいですか。

Answer

　企業は安全管理措置の一つとして、人的安全管理措置を講じることが義務付けられており、人的安全管理措置の内容として、a. 事務取扱担当者の監督、b. 事務取扱担当者の教育、をすることが求められています。従業員が少ない場合であっても、社長として事務取扱担当者を定め、その監督に努めるべきです。

▼ 解　説

1　人的安全管理措置とは

　個人番号関係事務実施者はマイナンバーの適切な管理のための必要な措置を、個人情報取扱事業者および個人番号取扱事業者は特定個人情報の安全管理のために必要かつ適切な措置を講じる義務があります（マイナンバー法12条、個人情報保護法20条）。

　安全管理措置については、委員会ガイドライン（以下、「ガイドライン」といいます）が指針を示しており、企業は安全管理措置の一つとして、特定個人情報等の適正な取扱いのために、人的安全管理措置を講じなければならないとされています。

2　人的安全管理措置の内容

　では、人的安全管理措置としてどのようなことが求められるのでしょうか。

　ここで、委員会ガイドラインでは人的安全管理措置の内容として、a. 事務取扱担当者の監督、b. 事務取扱担当者の教育をすることが求

められています。これらの内容については次の表の通りです。

項　目	内　容
a. 事務取扱担当者の監督	事業者は、特定個人情報等が取扱規程等に基づき適正に取り扱われるよう、事務担当者に対して必要かつ適切な監督を行う。
b. 事務取扱担当者の教育	事業者は、事務取扱担当者に、特定個人情報等の適正な取扱いを周知徹底するとともに適切な教育を行う。

　具体的には、特定個人情報等の取扱いに関する留意事項等について、従業者に定期的な研修等を行うことや特定個人情報等についての秘密保持に関する事項を就業規則等に盛り込むことにより人的安全管理措置をとることとなります。

3　中小規模事業者における対応

　従業員数が 100 人以下の事業者で一定の場合を除く事業者（中小規模事業者）について、委員会ガイドラインでは人的安全管理措置は軽減されていません。したがって、特定個人情報の取扱いを社長が一人で行うことは望ましくなく、社長は事務取扱担当者の監督に努めるべきでしょう。

▼ PART4／マイナンバーの管理と外部委託

「物理的安全管理措置」とは何ですか。

Answer

　企業は安全管理措置の一つとして、物理的安全管理措置を講じることが義務付けられており、物理的安全管理措置の内容として、a. 特定個人情報等を取り扱う区域の管理、b. 機器および電子媒体等の盗難等の防止、c. 電子媒体等を持ち出す場合の漏えい等の防止、d. 個人番号の削除、機器および電子媒体等の廃棄をすることが求められています。

▼ 解　説

1　物理的安全管理措置とは

　個人番号関係事務実施者はマイナンバーの適切な管理のための必要な措置を、個人情報取扱事業者および個人番号取扱事業者は特定個人情報の安全管理のために必要かつ適切な措置を講じる義務があります（マイナンバー法12条、個人情報保護法20条）。

　安全管理措置については、委員会ガイドラインが指針を示しており、企業は安全管理措置の一つとして、特定個人情報等の適正な取扱いのために、物理的安全管理措置を講じなければならないとされています。

2　物理的安全管理措置の内容

　委員会ガイドラインでは物理的安全管理措置の内容として、a. 特定個人情報等を取り扱う区域の管理、b. 機器および電子媒体等の盗難等の防止、c. 電子媒体等を持ち出す場合の漏えい等の防止、d. 個人番号の削除、機器および電子媒体等の廃棄をすることが求められています。これらの内容については次の表の通りです。

項　目	内　容
a. 特定個人情報等を取り扱う区域の管理	特定個人情報等の情報漏えい等を防止するために、特定個人情報ファイルを取り扱う情報システムを管理する区域および特定個人情報等を取り扱う事務を実施する区域を明確にし、物理的な安全管理措置を講ずる。
b. 機器および電子媒体等の盗難等の防止	管理区域および取扱区域における特定個人情報等を取り扱う機器、電子媒体および書類等の盗難または紛失を防止するために、物理的な安全管理措置を講ずる。
c. 電子媒体等を持ち出す場合の漏えい等の防止	特定個人情報等が記録された電子媒体または書類等を持ち出す場合、容易に個人情報が判明しない措置の実施、追跡可能な移送手段の利用等、安全な方策を講ずる。 「持出し」とは、特定個人情報等を、管理区域または取扱区域の外へ移動させることをいい、事業所内での移動等であっても、紛失・盗難等に留意する必要がある。
d. 個人番号の削除、機器および電子媒体等の廃棄	個人番号関係事務または個人番号利用事務を行う必要がなくなった場合で、所管法令等において定められている保存期間等を経過した場合には、個人番号をできるだけすみやかに復元できない手段で削除または廃棄する。

3　中小規模事業者における対応

　従業員数が 100 人以下の事業者のうち一定の場合を除く事業者（中小規模事業者）については、特定個人情報が記録された電子媒体等を持ち出す場合にパスワードの設定をして搬送するなどの紛失・盗難等を防ぐための方策を講じることなどが求められます。

Question 34

▼ PART 4／マイナンバーの管理と外部委託

「技術的安全管理措置」とは何ですか。当社の規模ではコンピューターシステムの使用は考えていませんが、どうすればよいですか。

Answer

　企業は安全管理措置の一つとして、技術的安全管理措置を講じることが義務付けられており、技術的安全管理措置の内容として、a. アクセス制御、b. アクセス者の識別と認証、c. 外部からの不正アクセス等の防止、d. 情報漏えい等の防止をすることが求められています。コンピューターシステムを使用しない場合は技術的安全管理措置を講ずる必要はないものと考えられますが、特定個人情報を含む書類をコピーする場合などはコピー機に情報が残る場合が多いため、本当にコンピューターシステムを使用する部分はないか確認する必要があります。

▼ 解　説

1　技術的安全管理措置とは

　個人番号関係事務実施者はマイナンバーの適切な管理のための必要な措置を、個人情報取扱事業者および個人番号取扱事業者は特定個人情報の安全管理のために必要かつ適切な措置を講じる義務があります（マイナンバー法 12 条、個人情報保護法 20 条）。

　安全管理措置については、委員会ガイドラインが指針を示しており、企業は安全管理措置の一つとして、特定個人情報等の適正な取扱いのために、技術的安全管理措置を講じなければならないとされています。

2　技術的安全管理措置の内容

　委員会ガイドラインで求められている技術的安全管理措置の内容としては、a. アクセス制御、b. アクセス者の識別と認証、c. 外部から

の不正アクセス等の防止、d. 情報漏えい等の防止をすることが求められています。これらの内容については次の表の通りです。

項　目	内　容
a. アクセス制御	情報システムを使用して個人番号関係事務または個人番号利用事務を行う場合、事務取扱担当者および当該事務で取り扱う特定個人情報ファイルの範囲を限定するために、適切なアクセス制御を行う。
b. アクセス者の識別と認証	特定個人情報等を取り扱う情報システムは、事務取扱担当者が正当なアクセス権を有する者であることを、識別した結果に基づき認証する。
c. 外部からの不正アクセス等の防止	情報システムを外部からの不正アクセスまたは不正ソフトウェアから保護する仕組みを導入し、適切に運用する。
d. 情報漏えい等の防止	特定個人情報等をインターネット等により外部に送信する場合、通信経路における情報漏えい等を防止するための措置を講ずる。

3　中小規模事業者における対応

　従業員数が 100 人以下の事業者のうち一定の場合を除く事業者（中小規模事業者）については、特定個人情報等を取り扱う機器を特定し、その機器を取り扱う事務取扱担当者を限定することなどが求められます。

▼ PART 4／マイナンバーの管理と外部委託

マイナンバーを使って、従業員や顧客の情報を管理することはできますか。

Answer

マイナンバーを使って、従業員や顧客の情報を管理することはできません。事業者がマイナンバーを利用することができるのは個人番号利用事務および個人番号関係事務の2つのみであり、これらの事務以外でマイナンバーを利用することは、たとえ本人の同意があったとしても原則としてできません。

▼ 解 説

1 個人番号利用事務および個人番号関係事務とは

　マイナンバーを利用することができる事務の範囲は、個人番号利用事務および個人番号関係事務に限られます（マイナンバー法9条）。個人番号利用事務を行う会社は、多くないでしょうから、個人番号関係事務のみに利用する会社が大多数ということになります。

　そもそも個人番号利用事務や個人番号関係事務とは何でしょうか。

　個人番号利用事務とは、年金や労災保険、健康保険、介護保険、国税や地方税の事務をいい、マイナンバーを利用して行う事務をいいます。これら個人番号利用事務は、マイナンバー法別表1に規定された事務および地方公共団体が条例で定める事務に限定されており、これらに限定して定められた事務を除いてマイナンバーを利用した事務を行うことはできません。

　これは、マイナンバーについて多種多様な個人番号を集約することが想定されており、プライバシー権の保護のためにはマイナンバーを利用することができる事務を法律に列挙したもののみに限定する必要があるからです。

個人番号関係事務とは、個人番号利用事務に関連して行われる他人の番号を利用する事務であり、個人番号利用事務に必要とされる事務である点に特徴があります。たとえば、所得税の徴収のため国税庁がマイナンバーを利用するためには、勤務先から従業員のマイナンバーを届け出てもらう必要があります。この場合、当該勤務先は国税庁の個人番号利用事務に必要な限度で従業員のマイナンバーを収集等することができます。

　このように、個人番号利用事務については多くの企業において実施することはありませんが、個人番号関係事務については大多数の企業において実施することとなります。

2　特定個人情報ファイルの作成の制限

　この他、個人番号利用事務等を処理するために必要な範囲を超えて特定個人情報ファイルを作成することは禁止されています。

　特定個人情報ファイルとは、マイナンバーを含む個人情報データベースをいい、マイナンバーを含む個人情報を容易に検索できるようデータベース化したものの多くが含まれます。特定個人情報ファイルの作成が制限されているのは、マイナンバーを取り扱う企業においてマイナンバーを利用できる範囲を超えて特定個人情報ファイルが作成された場合、個人のプライバシー等を侵害する危険が高くなるためです。

　すでに個人情報データベースを作成している企業においては、当該個人情報データベースとマイナンバーを不必要に結びつけることがないよう留意する必要があります。

Question 36

▼ PART4／マイナンバーの管理と外部委託

> **従業員のマイナンバーを取得する必要のある企業が取り扱う書類や手続きにはどのようなものがありますか。中小企業の場合はどうですか。**

Answer

企業が従業員のマイナンバーに関し行う手続きには、源泉徴収票の作成や支払調書の作成、健康保険、厚生年金、雇用保険の被保険者資格取得届の作成などの手続きがあります。これらの手続きについては、基本的に企業の規模にかかわらず行う必要があります。

▼ 解 説

1 税分野における手続きや書類

企業が行う個人番号関係事務についてはマイナンバー法9条3項に定めがあります。このうち税分野におけるものとしては、所得税法や租税特別措置法に関するものなどがあります。ここでは、主に所得税法に関し説明します。

まず、企業が従業員から提出を受ける必要がある書類として、マイナンバーが記載された給与所得者の扶養控除等（異動）申告書があります。つまり、企業は従業員から従業員本人、控除対象配偶者および控除対象扶養親族等の個人番号が記載された給与所得者の扶養控除等（異動）申告書の提出を受ける必要があります。

このほか企業が従業員から提出を受ける書類のうちマイナンバーを記載する必要があるものとして、退職所得の受給に関する申告書や公的年金等の受給者の扶養親族等申告書などがあります。

一方、企業が提出する法定調書に関し、給与所得の源泉徴収票に従業員のマイナンバーを記載する必要があります。法定調書には一定期間個人番号の記載を猶予されているものがありますが、源泉徴収票に

80

関してはマイナンバーの記載の猶予期間は設けられていません。

2　社会保障分野における手続きや書類

　企業が行う個人番号関係事務についてはマイナンバー法9条3項に定めがあります。このうち社会保障分野におけるものとしては、健康保険法、厚生年金保険法および雇用保険法に関するものがあります。

　まず、健康保険法に関するものとしては、従業員のマイナンバーを記載した健康保険被保険者資格取得届を作成し、年金機構に提出することや従業員のマイナンバーを記載した健康保険被保険者資格取得届を作成し、健康保険組合に提出することとなります。

　次に、厚生年金保険法に関するものとしては、従業員のマイナンバーを記載した厚生年金保険被保険者資格取得届を作成し、年金機構に提出することとなります。この他雇用保険法に関するものとして、従業員のマイナンバーを記載した雇用保険被保険者資格取得届を作成し、ハローワークに提出することとなります。

　これら社会保障関係書類のうち、マイナンバーを記載することが要求されるものとして、雇用保険被保険者資格取得届や介護休業給付金支給申請書の他、健康保険・厚生年金保険被保険者資格取得届、健康保険・厚生年金保険育児休業等取得者申出書などが予定されています。これらの書類に関してはマイナンバーを記載することが要求される時期について書類ごとに異なっている場合があり、留意が必要です。

Question 37

▼ PART4／マイナンバーの管理と外部委託

これまで企業が取り扱ってきた書類や手続きについて従業員のマイナンバーを使うことはできますか。

Answer

　個人番号関係事務を行う事業者は、原則としてマイナンバーを社会保障および税の手続き以外で利用することはできません。事業者が取り扱ってきた書類のうち社会保障および税の手続きで使用するものを除いて、従業員のマイナンバーを利用することはできません。

▼ 解　説

1　マイナンバーの利用範囲

　事業者は、健康保険法や厚生年金保険法、雇用保険法、相続税法、所得税法などの法令に関する事務の処理に関して必要とされる限度で他人のマイナンバーを利用することができます。これを超える範囲でマイナンバーを利用することはできません（マイナンバー法9条3項）。

　また、マイナンバーは利用目的を超えて利用することはできません。事業者はマイナンバーの提供を受ける際、マイナンバーの利用目的を通知または公表しなければならないため、従業員のマイナンバーを収集する際には「源泉徴収票作成事務」、「健康保険・厚生年金保険届出事務」と特定し明示することとなるでしょう。

　このように、事業者が従業員のマイナンバーを利用するのは源泉徴収票作成事務や健康保険・厚生年金保険届出事務に限られますので、従業員等のマイナンバーを利用するのは、給与所得の源泉徴収票や支払調書、健康保険・厚生年金保険被保険者資格取得届出等の書類の作成の際に限られることとなります。

2 マイナンバーの利用範囲内として許されるもの

まず、マイナンバーを収集した年以後の源泉徴収票作成事務については、同一の雇用契約に基づいて発生する場合には、すでに提供を受けたマイナンバーを利用することができます。

また、退職者について再雇用がされた場合には、前の雇用契約を締結した際に給与所得の源泉徴収票作成事務のために提供を受けたマイナンバーについて、後の雇用契約に基づく給与所得の源泉徴収票作成事務のために利用することができます。

Plus One Point ———————————————— **Column**
個人情報保護法の改正と匿名加工情報

マイナンバーを営業等の業務に利用することはできませんが、個人情報保護法の改正により、特定の個人を識別できないよう個人情報を加工した匿名加工情報が利用可能となることとされました。ビッグデータ等への活用の道が大きく広がることが期待されています。

Question 38

▼ PART4／マイナンバーの管理と外部委託

> 企業が取り扱う書類には、従業員だけでなく、その配偶者や扶養家族などのマイナンバーが必要になるものが含まれていますが、企業はそれらを提出させることができますか。その場合の管理責任はどうなりますか。

Answer

事業者は、従業員の配偶者や扶養家族のマイナンバーの提出を求めることができます。管理については、従業員の個人番号と同一の取扱いをする必要があります。

▼ 解　説

1　配偶者や扶養家族などのマイナンバーの提供の求め

　事業者は、個人番号関係事務を処理するために必要がある場合、本人に対し個人番号の提供を求めることができます（マイナンバー法14条）。そして、事業者は、源泉徴収票の作成を義務付けられており、平成28年1月1日以降、源泉徴収票には本人および控除対象配偶者ならびに控除対象扶養親族のマイナンバーを記載することが義務付けられることとなっています。

　したがって、事業者は源泉徴収票の作成の事務のため、従業員の配偶者や扶養家族にマイナンバーの提出を求めることができます。なお、平成28年1月1日より前に従業員等の個人番号の収集を行うことは可能であるとされていますので、マイナンバーの通知が始まる平成27年10月以降、マイナンバーを収集することができる体制が整いしだい、マイナンバーを収集することが可能となります。

2　マイナンバーの管理

　事業者は、マイナンバー等の漏えいや滅失、毀損の防止等、マイナンバー等の管理のために、必要かつ適切な完全管理措置を講じなければなりません。これは、企業が提供を受けたマイナンバーについて適用されるもので、従業員のマイナンバーだけではなくその控除対象配偶者および控除対象扶養親族のマイナンバーについても安全管理措置を講じる必要があります。

　安全管理措置として講ずべき措置は、①基本方針の策定、②取扱規程等の策定、③組織的安全管理措置、④人的安全管理措置、⑤物理的安全管理措置、⑥技術的安全管理措置の6つです。事業者は、組織的安全管理の一内容として責任者を定めた上で、管理することとなります。なお、従業員数が100人以下の事業者（中小規模事業者）については安全管理措置につき一定の軽減が認められています。

▼ PART4／マイナンバーの管理と外部委託

従業員が退職した後、退職した従業員のマイナンバーはどのように取り扱えばよいですか。

Answer

マイナンバーが記載されている書類の種類ごとに、所管法令で定められている保存期間を経過した場合には、マイナンバーをできるだけすみやかに廃棄または削除しなければなりません。

▼ 解 説

1　マイナンバーの保管制限と廃棄

事業者は個人番号関係事務のために必要な場合などを除き、マイナンバーを含む個人情報を保管することはできません（マイナンバー法20条）。従業員が退職した場合、基本的に源泉徴収票の作成や社会保障関係の書類の作成の必要がなくなりますから、その際にはマイナンバーを含む個人情報を保管することができず、廃棄することとなります。

マイナンバーが記載された書類等については、所管法令によって一定期間保存が義務付けられているものがあり、これらの書類に記載されたマイナンバーについてはその期間保管することとなります。当該保存期間を過ぎた場合で、個人番号関係事務のために必要がなくなったときは、マイナンバーをできるだけすみやかに廃棄または削除しなければなりません。

2　廃棄方法

まず、特定個人情報等が記載された書類等を廃棄する場合は、焼却または溶解等の復元不可能な方法によらなければなりません。特定個人情報等が記録された機器および電子媒体等を廃棄する場合は、専用

のデータ削減ソフトを利用したり、物理的に破壊するなどして、復元不可能な手段によらなければなりません。

　特定個人情報ファイル中の個人番号を削除する場合においても、容易に復元できない手段を採用する必要があります。なお、従業員が100人以下の中小規模事業者においては、特定個人情報等を削除・廃棄したことを、責任ある立場の者が確認するという手法によることも考えられます。

　マイナンバーはプライバシーの重要な一部ですから、特定個人情報を保存するシステムにおいては、保存期間経過後における廃棄または削除を前提としたシステムを構築することが望ましいでしょう。

Plus One Point ——————————————————————— **Column**

電磁的記録の削除に要注意！

　紙媒体の場合の廃棄は物理的に復元が不可能となればよいですが、電磁的に記録されている場合は、完全に削除することは容易でないため、削除方法は十分に検討する必要があります。

Question 40

▼ PART4／マイナンバーの管理と外部委託

退職後も繰延支給される賞与がある場合、繰延支給が行われなくなるまでマイナンバーを保存することはできますか。

Answer

マイナンバーを含む特定個人情報は、個人番号関連事務のために必要な範囲で保管することができるため、退職後も繰延支給される賞与がある場合、繰延支給が行われなくなるまでマイナンバーを保管することができます。

▼ 解　説

1　マイナンバーの保管制限

　事業者は、個人番号関係事務のために必要な範囲でマイナンバーを含む特定個人情報を保管することができます（マイナンバー法20条）。個人番号関係事務は税および社会保障関連の事務であり、源泉徴収票の作成事務も個人番号関係事務の一つです。

　退職後に繰延支給される賞与がある場合、繰延支給が行われている期間、事業者は繰延支給の支給対象者について源泉徴収票を作成しなければなりません。源泉徴収票には平成28年1月よりマイナンバーを記載しなければなりませんから、事業者は退職後の賞与の繰延支給を受ける者についての源泉徴収票の作成のため、退職後の賞与の繰延支給を受ける者のマイナンバーを含む特定個人情報を保管することができます。

2　マイナンバーを保管することができる具体例

　この他、どのような場合にマイナンバーを保管することができるのでしょうか。

まず、事業者は給与の源泉徴収事務を処理する目的で、従業員等のマイナンバーを保管することができます。さらに、雇用契約などの継続的な契約関係にある場合、従業員等から提供を受けたマイナンバーを給与の源泉徴収事務などのために翌年度以降も継続的に利用することが認められることから、特定個人情報についても継続的に保管することができます。

　この他、扶養控除等申請書については、当該申告書の提出期限の属する年の翌年1月10日の翌日から7年を経過する日まで保存することとなっています。したがって、当該期間中はマイナンバーを含む当該申告書を保管しておくことができます。

　一方、当該期間を経過した場合には当該申告書に記載されたマイナンバーを保管しておく必要はなく、原則としてマイナンバーが記載された扶養控除等申請書をできるだけすみやかに廃棄しなければなりません。

Plus One Point ──────────────────────── **Column**

税務関係書類のひな形等

　マイナンバーの記載が必要となる書類については、官公庁より順次マイナンバーの記載欄があるひな形や様式の変更点が公表されていますので、それらを確認していくとよいでしょう。

Question 41

▼ PART 4／マイナンバーの管理と外部委託

取引が終了した後、取引相手のマイナンバーを削除せずに、取引が再開されるまでマイナンバーにアクセスできないように制限をするという取扱いは許されますか。

Answer

マイナンバーは個人番号関係事務のために必要な範囲でのみ保管することが認められているため、その範囲を超える場合には取引相手のマイナンバーを廃棄または削除する必要があります。

▼ 解 説

1 マイナンバーの保管制限

事業者は、マイナンバーを含む特定個人情報を、個人番号関係事務のために必要な範囲で保管することができます（マイナンバー法20条）。マイナンバーを含む特定個人情報が個人番号関係事務のために必要でない場合には、事業者はマイナンバーを含む特定個人情報を保管することができず、廃棄しなければなりません。

ただし、マイナンバーを含む書類等について所管法令において一定期間保存することが義務付けられているものについては、当該期間につきマイナンバーを含む書類を保管することができます。

取引相手のマイナンバーを取得する場面として、事業者は、報酬、料金、契約金および賞金の支払調書や不動産の使用料等の支払調書に支払いを受ける者のマイナンバーを記載しなければならないため、取引相手からマイナンバーの提供を受ける必要があります。

そして、事業者が提出した支払調書の控えについては保存義務が課されていません。したがって、支払調書の提出が終わった場合にはその控えについては廃棄しなければならないと考えられます。アクセス

制限を課した場合であっても保管することはできず、原則として取引
相手のマイナンバーは廃棄または削除をしなければなりません。

　もっとも、支払調書を正しく作成して提出したかを確認するために
支払調書の控えを保存する場合には、個人番号関係事務の一環として
認められると考えられます。この場合に保管する期間としては、確認
の必要性および特定個人情報の保有に係る安全性を勘案し判断する必
要があります。

2　マイナンバーの廃棄または削除後の再取得

　取引先のマイナンバーについて、個人番号関係事務のために必要な
いものとして廃棄した場合、再度当該取引先と取引する場合には、支
払調書の作成のため再度取引先のマイナンバーの提供を受ける必要が
あります。その場合、再度本人確認を行う必要があります。

▼ PART4／マイナンバーの管理と外部委託

「特定個人情報ファイル」とは何ですか。

Answer

特定個人情報ファイルとはマイナンバーをその内容に含む個人情報データベース等をいいます。顧客管理用のデータベースや従業員等の雇用管理用のデータベースに加え、紙媒体で個人情報が記録されたファイリングシステムのように、氏名を五十音順に整理・分類することにより容易に検索可能な状態においている場合も特定個人情報ファイルにあたる場合があります。

▼ 解　説

1　特定個人情報ファイルとは

　マイナンバー法上、特定個人情報ファイルとは、マイナンバーをその内容に含む個人情報ファイルをいいます（マイナンバー法9条）。そして、個人情報ファイルとは、事業者との関係においては、個人情報保護法2条2項に規定する個人情報データベース等であって行政機関等以外の者が保有するものをいいます。

　さらに個人情報保護法上、個人情報保護データベースとは、個人情報を含む情報の集合物であって、①特定の個人情報を電子計算機を用いて検索することができるように体系的に構成したもののほか、②特定の個人情報を容易に検索することができるように体系的に構成したものとして政令で定めるものをいうとされています（個人情報保護法2条2項）。

　具体的には、顧客管理用のデータベースや従業員等の雇用管理用のデータベース等でその内容にマイナンバーを含む場合には、特定個人情報に該当することとなります。このほか、紙媒体であっても、個人情報が記録されたファイリングシステムのように、氏名を五十音順に

整理・分類することにより容易に検索可能な状態においている場合、たとえば五十音順に並べられた顧客カードや口座番号順に並べられた印鑑票などでマイナンバーを含むものは、特定個人情報ファイルに該当することとなります。

2 特定個人情報ファイルの作成の制限

　上述のように特定個人情報ファイルは検索が容易になっているため、プライバシー侵害のおそれが極めて高いといえます。そこでマイナンバー法では、事業者が特定個人情報を作成することができるのは、原則として個人番号関係事務を処理するために必要な範囲に限られることを定めています（マイナンバー法28条）。

　したがって、たとえば事業者は従業員等のマイナンバーを利用して営業成績等を管理する特定個人情報ファイルを作成することができませんし、マイナンバーを含む状態で顧客管理のために顧客名簿を作成することなどはできません。

　マイナンバーが記載された書類を利用して顧客管理のための名簿などを作成したい場合には、マイナンバー部分をマスキングするなどして個人情報保護法における個人情報とすることにより個人情報データベースとして顧客管理のための名簿を作成することができます。

▼ PART4／マイナンバーの管理と外部委託

マイナンバーの管理を外部に委託する際の契約のポイントは何ですか。

Answer

マイナンバーの管理を外部に委託する際の契約のポイントは、委託先の適切な選定や委託先における特定個人情報の取得状況の把握に加え、委託契約の内容として、末必保持義務や事業所内からの特定個人情報の持出しの禁止や漏えい事案等が発生した場合の委託先の責任についてなどを定めることです（112頁の契約書例を参照）。

▼ 解 説

1 委託先における安全管理措置

事業者はマイナンバーの管理を外部の第三者に委託することができます。事業者がマイナンバーの管理を第三者に委託する場合、委託に係る個人番号関係事務において取り扱う特定個人情報の安全管理が図られるよう、委託先に対する必要かつ適切な監督を行わなければならないとされています（マイナンバー法11条）。

2 委託契約におけるポイント

マイナンバーの管理を外部に委託する際の契約については、上述の委託先の監督を適切に行う観点から検討する必要があります。委託先に対する監督を適切に行うためには、①委託先の適切な選定、②委託先に安全管理措置を遵守させるために必要な契約の締結、③委託先における特定個人情報の取扱状況の把握が必要です。

まず、①委託先の適切な選定との関係で、事業者が高度な安全管理措置を講じている場合に委託先にも同等の安全管理措置が要求されるかが問題となりますが、委託先の安全管理措置についてはマイナン

バー法が求める安全管理措置で足りるとされています。

次に、②委託先に安全管理措置を遵守させるために必要な契約の内容としては、以下の要素を盛り込むべきです。

(1) 秘密保持義務
(2) 事業所内からの特定個人情報の持出しの禁止
(3) 再委託における条件
(4) 漏えい事案等が発生した場合の委託先の責任
(5) 委託契約終了後の特定個人情報の返却または廃棄
(6) 従業者に対する監督・教育
(7) 契約内容の遵守状況についての報告

また、③委託先における特定個人情報の取扱状況の把握のため、委託先に対し特定個人情報の取扱状況を報告させる旨の条項を契約書に盛り込むことも考えられます。

事業者は、自ら委託契約書を作成する場合だけでなく、委託先が契約書を作成している場合であっても、以上のポイントを踏まえ契約書の確認を行うべきです。

▼ PART4／マイナンバーの管理と外部委託

マイナンバーを取り扱う業務を委託する場合、どのような点に注意する必要がありますか。

Answer

事業者がマイナンバーを取り扱う業務を委託する際は、①委託先を適切に選定する、②委託先に安全管理措置を遵守させるために必要な契約を締結する、③委託先における特定個人情報の取扱状況を把握する必要があるため、これらの事項に注意した上でマイナンバーを取り扱う業務を委託する必要があります。

▼ 解 説

1 委託先の監督

事業者が個人番号関係事務の全部または一部の委託をする場合、委託に係る個人番号関係事務において取り扱う特定個人情報の安全管理が図られるよう、委託先に対する必要かつ適切な監督を行わなければなりません（マイナンバー法11条）。必要かつ適切な監督には、①委託先の適切な選定、②安全管理措置に関する委託契約の締結、③委託先における特定個人情報の取扱状況の把握が含まれます。

マイナンバーを取り扱う業務を委託するに際しては、必要かつ適切な監督の実行の観点から行われる必要があり、マイナンバーを取り扱う業務を委託する事業者としては、上述の①～③の事項に注意した上でマイナンバーを取り扱う業務を委託する必要があります。

2 個人情報保護法上の委託先の監督義務との相違

個人情報保護法においても、委託先に対する必要かつ適切な監督が求められています。では、個人情報保護法上の委託先の監督義務とマイナンバー法上の監督義務とはどのように相違があるのでしょうか。

これについては、基本的に個人情報保護法上の委託先の監督義務とマイナンバー法上の監督義務とは相違ないものと考えられます。もっとも、マイナンバー法上の安全管理措置に特有なものとして、個人番号を取り扱う事務の範囲の明確化や特定個人情報等の範囲の明確化、事務取扱担当者の明確化、個人番号の削除・機器および電子媒体等の廃棄があり、委託先の監督においてもこれらの事項につき監督をしなければマイナンバー法上の委託先に対する監督を行ったものとはいえないでしょう。

3　再委託における注意事項

　個人番号関係事務の全部または一部について委託を受けた者は、委託者の許諾を得た場合に限り、再委託をすることができます。

　この場合、委託者は再委託先に対してまで直接の監督義務を負うことはありませんが、委託先が再委託先を適切に監督しているかについて委託先を監督する義務があるため、間接的に再委託先に対する監督義務を負うこととなりますので、注意が必要です。

※　委託先（受託者）が再委託先（再受託者）を適切に監督しているかどうかを監督する必要がある。

Question 45

▼ PART4／マイナンバーの管理と外部委託

マイナンバーを取り扱う業務を委託する場合、個人情報の取扱いとマイナンバーの取扱いの条項を分けた契約をすべきですか。

Answer

　個人情報の取扱いとマイナンバーの取扱いの条項を分けた契約をする必要はありません。ただし、マイナンバー法上の安全管理措置に関する義務が遵守されている必要があります。

▼ 解　説

1　委託先の適切かつ必要な監督

　事業者がマイナンバーの管理を第三者に委託する場合、委託に係る個人番号関係事務において取り扱う特定個人情報の安全管理が図られるよう、委託先に対する必要かつ適切な監督を行わなければならないとされています（マイナンバー法11条）。

　委託先に対する監督を適切に行うためには、①委託先の適切な選定、②委託先に安全管理措置を遵守させるために必要な契約の締結、③委託先における特定個人情報の取扱状況の把握が必要です。

2　委託契約に求められる内容

　委託先の適切かつ必要な監督のために求められるもののうち、②委託先に安全管理措置を遵守させるために必要な契約の内容としては、少なくとも、

(1)　秘密保持義務
(2)　事業所内からの特定個人情報の持出しの禁止
(3)　再委託における条件

(4) 漏えい事案等が発生した場合の委託先の責任
(5) 委託契約終了後の特定個人情報の返却または廃棄
(6) 従業者に対する監督・教育
(7) 契約内容の遵守状況についての報告

について定める必要があります。このほか、特定個人情報を取り扱う従業者を明確にすることや、委託者が委託先に対して実地の調査を行うことができる旨の規定を定めることなどが考えられます。

そして業務委託契約書の内容が、マイナンバー法上の委託先に対する必要かつ適切な監督を行う上で十分であれば、マイナンバー法上、必ずしも個人情報の取扱いと特定個人情報の取扱いの条項を分別した契約を締結する必要はありません。

なお、同様の理由で、既存の委託契約について、マイナンバー法上求められる委託先に対する必要かつ適切な監督として十分といえる契約である場合は、改めてマイナンバーに関する委託契約を締結する必要はありません。

Question 46

▼ PART4／マイナンバーの管理と外部委託

ハードウェア・ソフトウェアなどの保守を委託する場合、どのような点に注意すればよいですか。

Answer

　委託先がマイナンバーをその内容に含む電子データを取り扱うかどうかを確認する必要があります。委託先がマイナンバーをその内容に含む電子データを取り扱う場合には、マイナンバー法上の委託に該当し、マイナンバー法に基づき委託先に対し必要かつ適切な監督を行う義務が生じます。

▼ 解　説

1　ハードウェア・ソフトウェアなどの保守を委託する場合のマイナンバー法の適用

　特定個人情報をその内容に含む電子データのためのハードウェア・ソフトウェアなどの保守を委託する場合、当該委託はマイナンバー法上の「委託」に該当し、委託先に対する必要かつ適切な監督をする義務が生じるのでしょうか。

　マイナンバー法11条においては委託先に対し必要かつ適切な監督を行うのは、個人番号関係事務の全部または一部の委託をする場合に限られています。

　したがって、ハードウェア・ソフトウェアの保守を委託する委託先との契約において個人番号を含む電子データを取り扱わないことが定められており、適切にアクセス制御を行っている場合には、個人番号関係事務の全部または一部を委託しているということはできないため、委託者は当該保守の委託先に対しマイナンバー法上求められる委託先に対する必要かつ適切な監督の義務を負いません。

　なお、ハードウェア・ソフトウェアの保守がマイナンバー法上の委

100

託に該当しない場合であっても、事業者は自ら果たすべき安全管理措置の一環として適切な安全管理措置を講ずる必要がある点には注意が必要です。

2　ハードウェア・ソフトウェアなどの保守を委託する場合の注意点

　上述のように、ハードウェア・ソフトウェアの保守の委託が、マイナンバー法上の委託に該当するか否かは、委託者が委託先に対するマイナンバー法上の必要かつ適切な監督義務を負うか否かの分水嶺となるため、重要です。

　したがって、ハードウェア・ソフトウェアの保守を委託する場合には、委託契約においてマイナンバーをその内容に含む電子データを取り扱わない旨を定める必要があるか、また適切にアクセス制御を行うことは必要かどうかを検討することが重要です。

　さらに、保守サービスを提供する事業者が保守のため記録媒体等を持ち帰ることが想定される場合には、マイナンバー法上の委託に該当するため、あらかじめ特定個人情報の保管を委託し、安全管理措置を確認した上で、必要かつ適切な監督を行う必要があるので注意が必要です。

Question 47

▼ PART 4／マイナンバーの管理と外部委託

クラウドサービスなど、個人情報を保管するために外部の事業者を利用する場合、どのように行えばよいですか。

Answer

クラウドサービスなどを利用する場合には、委託契約の条項に委託先が個人番号をその内容に含む電子データを取り扱わない旨を定めるかどうか、マイナンバーをその内容に含む電子データへのアクセス制御を行うかどうか、外部の事業者が機器の保守のために記録媒体などを持ち帰る場合があるかなどに注意し委託する必要があります。

▼ 解 説

1 クラウドサービスはマイナンバー法上の委託に該当するか

クラウドサービスとは、これまで利用者の手元で利用していたソフトウェアやデータなどを、インターネットなどのネットワークを通じて必要に応じて利用者に提供するサービスをいいます。クラウドサービスを利用すれば、マイナンバーを含む特定個人情報をネットワーク上のサーバーなどに保存し、必要に応じネットワーク上のサーバーなどから情報を取り出すことができます。

では、クラウドサービスに特定個人情報を保管する場合、事業者はクラウドサービス提供者にマイナンバー法上の委託をしているといえるのでしょうか。

マイナンバー法11条においては委託先に対し必要かつ適切な監督を行うのは、個人番号関係事務の全部または一部の委託をする場合に限られています。

したがって、事業者とクラウドサービス提供者との間の契約におい

てマイナンバーを含む電子データを取り扱わないことが定められており、適切にアクセス制御を行っている場合には、個人番号関係事務の全部または一部を委託しているということはできないため、事業者はクラウドサービス提供者に対しマイナンバー法上求められる委託先に対する必要かつ適切な監督の義務を負いません。

2 クラウドサービスにマイナンバーの保管をする場合の注意点

上述のように、クラウドサービス提供者と事業者との間の契約がマイナンバー法上の委託に該当するか否かは、委託者が委託先に対するマイナンバー法上の必要かつ適切な監督義務を負うか否かの分水嶺となるため、重要です。

したがって、クラウドサービス提供者と契約を締結する場合には、契約においてマイナンバーをその内容に含む電子データを取り扱わない旨を定める必要があるか、また適切にアクセス制御を行うことは必要かどうかを検討しなければなりません。

なお、クラウドサービスがマイナンバー法上の委託に該当しない場合、委託先の監督義務は課されませんが、クラウドサービスを利用する事業者は、自ら果たすべき安全管理措置については当然に講じる必要があるため注意が必要です。

Question 48

▼ PART4／マイナンバーの管理と外部委託

事業者の従業員のマイナンバーを管理する事務の受託を予定しています。この場合、個人番号関係事務実施者と同じ業務をすることになりますか。

Answer

事業者の従業員のマイナンバーを管理する事務を受託する場合でも、個人番号関係事務実施者と同様の義務が課されるため、個人番号関係事務実施者が行う業務と同様の業務を行うこととなります。

▼ 解　説

1　個人番号関係事務実施者

　従業員のマイナンバーを源泉徴収票作成事務や健康保険・厚生年金保険届出事務のためだけに収集し利用する個人番号関係事務実施者から、これらの事務について委託を受けた事業者は、どのような事務を行う必要があるのでしょうか。

　マイナンバー法は、個人番号関係事務実施者を、個人番号関係事務を処理する者および個人番号関係事務の全部または一部の委託を受けた者としており（マイナンバー法2条13項）、個人番号関係事務を個人番号利用事務に関して行われる他人のマイナンバーを必要な限度で利用して行う事務をいうと定めています（同条11項）。したがって、従業員のマイナンバーを源泉徴収票作成事務や健康保険・厚生年金保険届出事務のためだけに収集し利用する個人関係事務実施者から、これらの事務につき委託を受けた事業者であっても、マイナンバー法上の「個人番号関係事務実施者」に該当し、個人番号関係事務実施者に対し求められる義務を課されることとなります。なお、受託者がその事業の用に供する個人情報データベース等を構成する個人情報によって識別される特定個人の数の合計が過去6か月以内のいずれ

104

かの日において 5,000 を超えている場合には、委託者が個人情報保護法上の個人情報取扱事業者でない場合であっても、受託者は個人情報保護取扱事業者に該当し、個人情報保護法上の義務を課されることとなるため注意が必要です。

ただし、この 5,000 を超えているとの要件は、個人情報保護法の改正（未施行）により削除されたため、同法の改正動向にも注意しなくてはなりません。

2　個人番号関係事務実施者の義務

個人番号関係事務実施者の義務として最も重要なものは、安全管理措置の実施義務です（マイナンバー法 12 条）。このほか、本人からマイナンバーの提供を受ける際の本人確認の措置を義務付けられます（同法 16 条）。マイナンバーの管理を受託する際に本人からの提供を受けることについても受託する場合がありますが、その際は必ず本人確認の措置を取らなければなりません。

Plus One Point ─────────────────────── **Column**
マイナンバーの管理を受託する際は注意を！

　マイナンバーの管理を受託する場合は、個人情報保護法上の個人情報取扱事業者に該当する可能性がありますので注意が必要です。

Question 49

▼ PART 5／マイナンバーと企業の責任

マイナンバーの情報が流出した場合、企業やその取締役は法的責任を問われることになりますか。

Answer

マイナンバーの情報が流出した場合に、企業やその取締役は刑事責任を問われる可能性があります。また、民事上の責任を問われることもあります。

▼ 解　説

1　企業の責任

マイナンバーの情報が流出した場合、企業は刑事上および民事の責任を負う可能性があります。

刑事上の責任として、マイナンバー法60条は、企業の代表者や従業員等がマイナンバー法に違反した場合に、企業にも罰金刑を科すことを定めています。したがって、代表者や従業員等が故意にマイナンバーを流出させた場合には、企業も刑事責任を問われます。

民事上の責任としては、取締役や従業員等がマイナンバーを不法に流出させた場合には、企業自身が使用者責任（民法715条1項）を負う可能性があります。また、代表者がマイナンバーを不法に流出させた場合には、会社法350条により企業が損害賠償責任を負う可能性があります。

2　取締役の責任

また、取締役も刑事上および民事上の責任を負う可能性があります。

刑事上の責任については、取締役が故意にマイナンバーを流出させた場合には、マイナンバー法51条または52条により刑事責任を問われます。

民事上の責任について、取締役が故意にマイナンバーを流出させた場合には、当該取締役自身が不法行為（民法709条）の責任を問われます。また、従業員がマイナンバーを流出させた場合であっても、企業には安全管理措置等を講ずる義務があるため（個人情報取扱事業者につき個人情報保護法20条、個人番号関係事務実施者につきマイナンバー法12条）、当該安全管理措置等を講じていない場合には、取締役の任務懈怠責任が問われます。さらに、取締役がマイナンバーを流出させた場合、他の取締役は上述の安全管理措置等を講ずる義務についての任務懈怠に加え、他の取締役に対する監督義務違反の任務懈怠責任を問われる可能性もあります。

　このほか、個人番号関係事務の全部または一部を委託した場合、受託者に対する適切な監督が義務付けられているため、受託者からマイナンバーが流出した場合であっても、委託した企業の取締役が受託者に対する監督義務違反の任務懈怠責任を問われる可能性があります。

Plus One Point ─────────────── Column

マイナンバー流出の責任が拡大？

　特定個人情報はマイナンバーを含みますが、今後、マイナンバーと年金情報や口座情報が結び付けられた場合、マイナンバー流出の責任は極めて重大なものとなりえます。

Question 50

▼ PART 5 ／マイナンバーと企業の責任

マイナンバー制度において、個人番号関連事務を取り扱う事業者に罰則が科されることはありますか。当社は個人商店規模の会社ですが、その場合でも同様ですか。

Answer

マイナンバー法には両罰規定が定められているため、従業員等がマイナンバーを故意に流出させた場合などには、個人番号関連事務を取り扱う事業者に対して罰則が科されることがあります。罰則規定については事業者の規模にかかわらず適用されます。

▼ 解 説

1　マイナンバーの流出等に対する罰則

まず、正当な理由がないのに、その業務に関して取り扱った個人の秘密に属する事項が記録された特定個人情報ファイルを提供したときは、4年以下の懲役もしくは200万円以下の罰金またはこれらの併科がなされます（マイナンバー法51条）。

次に、その業務に関して知りえたマイナンバーを自己もしくは第三者の不正な利益を図る目的で提供し、または盗用したときは、3年以下の懲役もしくは150万円以下の罰金またはこれらの併科がなされます（マイナンバー法52条）。

さらに、人を欺くなどの行為や不正アクセス行為のような、マイナンバーを保有する者の管理を害する行為により、マイナンバーを取得したときは3年以下の懲役または150万円以下の罰金に処せられます（マイナンバー法54条1項）。

2 命令違反に対する罰則

　その他、特定個人情報保護委員会の発する違反を是正するために必要な措置をとるべき旨の命令に違反したときは、2年以下の懲役または50万円以下の罰金に処せられます（マイナンバー法56条）。また、特定個人情報保護委員会が特定個人情報の取扱いに関して報告や資料の提出、事務所等への立入検査などを求めた際に、報告や資料の提出をしなかったり、また虚偽の報告をしたり、検査を拒んだりした場合には、1年以下の懲役または50万円以下の罰金が科されます（マイナンバー法57条）。

3 両罰規定

　このほか法人の代表者や従業員等が法人の業務に関して上記の罰則に違反した場合には行為者のほか、法人に対しても罰金刑が科されます（マイナンバー法60条）。

　なお、上記のマイナンバー法51条・52条・54条に関しては、日本国外で罪を犯した場合にも適用されますので（マイナンバー法59条）、海外に子会社や支店等がある場合には注意が必要です。

▼ PART5／マイナンバーと企業の責任

従業員が、故意にマイナンバー情報を流出させた場合と、誤ってマイナンバー情報を流出させた場合とで、経営者に課される責任は異なるのですか。

Answer

故意と過失による流出とでは、経営者に課される刑事責任は異なります。ただし、過失による流出の場合であっても、経営者が一切の責任を負わないわけではありません。

▼ 解 説

1 故意による流出

マイナンバー法の第9章は「罰則」の章になっています。ここでは、法51条から法60条まで、マイナンバーが流出した場合の刑罰が規定されています。

もっとも、これらの規定はすべて、意図的にマイナンバーを流出させる、故意犯に対する処罰を規定したものです。

2 過失による流出

従業員が誤ってマイナンバー情報を流出させる過失犯の場合には、処罰の規定がマイナンバー法に記載されていないため、経営者に刑事上の責任は課されません。

3 民事上の責任

もっとも、マイナンバーが漏えいした場合には、企業の経営者は、漏えいしたマイナンバーの持ち主に対し、同人が漏えいによって被った損害を賠償する民事上の責任を負うことになります。

マイナンバーに関する情報は、個人情報保護法上の個人情報よりも

厳格な規制が課せられている情報です。したがって、裁判例はまだありませんが、個人情報の漏えい事案の場合よりも高額の賠償が認められる可能性もあります。

4 社会的責任

最後に、社会的責任として、いわゆるレピュテーション・リスクを考える必要があります。企業がマイナンバーを流出させたとなれば、それが故意であるか過失であるかにかかわらず、広く世間の耳目を集めることになり得ます。

したがって、レピュテーション・リスクという意味で、経営者には大きな社会的責任が課されるといえるでしょう。

Plus One Point ──────────────────── **Column**
海外でのマイナンバー流出事例は？

マイナンバーに似たシステムを導入している国は複数あります。その中でも、近年起きた流出事件は以下のようになっています。日本も、マイナンバー制度の導入以降は、決して無関心ではいられません。

国	流出時期	流出方法	流出内容	流出件数
アメリカ合衆国	2015年2月	外部からの不正アクセス	氏名、生年月日、住所、電話番号、電子メールアドレス、勤務先情報等	約8,000万件
カナダ	2014年4月	外部からの不正アクセス	納税者の社会保障番号	約900件
韓国	2014年1月	内部者による不正持ち出し	国民IDや金融機関の口座番号等	約2,000万件

【資料】〈特定個人情報（マイナンバー）管理委託契約書例〉

　株式会社Ａを甲とし、株式会社Ｂを乙として、甲乙間において次のとおり業務委託契約（以下「本契約」という。）を締結する。

第1条（定義）

本契約において、以下に掲げる用語の意義は、当該各号に定めるところによるものとする。

⑴　「委託業務」とは、第2条に規定する乙が甲に委託する業務の内容をいう。

⑵　「個人情報」とは、乙の従業者の生存する個人に関する情報であって、当該情報に含まれる氏名、生年月日その他の記述等により特定の個人を識別することができるもの（他の情報と容易に照合することができ、それにより特定の個人を識別することができることとなるものを含む。）をいう。

⑶　「個人番号」とは、「行政手続における特定の個人を識別するための番号の利用等に関する法律」（以下「マイナンバー法」という。）第7条第1項または第2項の規定により、住民票コードを変換して得られる番号であって、当該住民票コードが記載された住民票に係る者を識別するために指定されるものをいう。

⑷　「特定個人情報」とは、個人番号をその内容に含む個人情報をいう。

⑸　「特定個人情報ファイル」とは、個人番号をその内容に含む個人情報ファイル（個人情報を含む情報の集合物であって、特定の個人情報について電子計算機を用いて検索することができるように体系的に構成したもののほか、特定の個人情報を容易に検索することができるように体系的に構成したもの）をいう。

⑹　「個人番号関係事務」とは、マイナンバー法第9条第3項の規定により個人番号利用事務に関して行われる他人の個人番号を必要な限度で利用して行う事務をいう。

⑺　「個人番号関係事務責任者」とは、甲において委託業務に係る特定個人情報の管理に関する責任を担うものをいう。

⑻ 「個人番号関係事務担当者」とは、甲において委託業務に係る特定個人情報を取り扱う事務に従事する者をいう。

⑼ 「役職員」とは、乙の組織内にあって直接または間接に乙の指揮監督を受けて乙の業務に従事している者をいい、雇用関係にある従業者（正社員、契約社員、嘱託社員、パート社員、アルバイト社員等）のみならず、乙との間の雇用関係にない者（取締役、監査役等）を含むが、派遣社員は含まないものとする。

⑽ 「第三者」とは、甲および乙（甲および乙の役職員を含む。）以外の全ての者をいう。

第２条

乙は甲に対し、本契約期間中、本契約に定めるところにより、第３条に定める個人番号関係事務を委託し、甲はこれを受託する。

第３条（委託の内容）

乙が甲に委託する業務の内容は以下の通りとする。

⑴ 乙の行う個人番号関係事務に関して乙の役職員の特定個人情報の収集をすること。

⑵ 前項の際、マイナンバー法第16条に基づく本人確認を行うこと。

⑶ 乙の役職員から収集した特定個人情報を保管すること。

⑷ 乙に代わって、個人番号関係事務に関して、行政機関等に対して特定個人情報を提供すること。

⑸ 保管している乙の役職員の特定個人情報を法令上の保存期間の経過後に廃棄または削除すること。

第４条（委託期間）

本契約の有効期間は、契約締結日から１年間とし、甲または乙いずれか一方が期間満了の１ヶ月前までに別段の書面による意思表示をしないときは、さらに１年間自動延長するものとし、以後も同様とする。

第５条（委託料金）

1　本件事務の委任の対価は年間〇〇円（消費税別）とし、甲は、乙に対し、半期分（6ヶ月分）金〇〇円（消費税別）をまとめて下記口座に振り込んで支払う。

記

〇　〇　銀　行　〇〇支店

普　通　口　座　〇〇〇〇

口　座　名　義　〇〇〇〇

2　前項記載の委託料金の支払期限は、毎年1月1日から同年6月30日までの分を1月末日まで、7月1日から12月31日までの分を7月末日までとする。

第6条（善管注意義務）

甲は第3条に定める業務を、善良なる管理者の注意義務をもって行うものとする。

第7条（特定個人情報の管理部署・責任者・従事者）

1　甲において、本件委託業務を統括管理する部署、個人番号関係事務責任者および個人番号関係事務担当者は、別紙1〔省略〕の通り定める。

2　個人番号関係事務責任者は、甲における特定個人情報の目的外利用または漏えい等が発生しないよう適切な措置を講ずるものとし、特定個人情報に関する甲との連絡窓口になるものとする。

第8条（個人番号関係事務担当者の教育・訓練）

甲は、個人番号関係事務担当者に対して、委託業務を行うために必要な教育及び訓練をしなければならない。

第9条（本人確認とその方法）

1　甲は、乙の役職員に関する本人確認を行う。

2　本人確認の方法は、別紙2〔省略〕に従うものとする。

第10条（安全管理）
甲は別紙3〔省略〕に従い、乙の役職員に関する特定個人情報の安全管理を行うものとする。

第11条（持出しの禁止）
甲の個人番号関係事務担当者は、特定個人情報等を、甲の事務所内の管理区域又は取扱区域の外へ持ち出してはならない。

第12条（秘密保持義務）
甲は、特定個人情報を、秘密として保持し、マイナンバー法に基づき委託業務を処理する場合又は第三者に委託業務の全部又は一部を再委託する場合を除き、第三者に提供、開示、漏えい等をしてはならない。

第13条（目的外利用の禁止）
甲（個人番号関係事務責任者及び個人番号関係事務担当者を含む。）は、特定個人情報を第3条に定める委託業務の目的以外の目的に利用してはならない。

第14条（再委託）
1　甲は、以下の観点を含め、乙自らが果たすべき安全管理措置と同等の措置が講じられる再委託先に限定して委託業務の全部または一部を再委託するものとし、乙の事前の書面による同意を得るものとする。
　①委託先の設備
　②技術水準
　③従業者に対する監督・教育の状況
　④その他委託先の経営環境
　⑤暴力団等の反社会的勢力とのかかわり
2　甲は再委託先との間で、本契約と同等の内容の再委託契約を締結しなければならないものとする。また、再委託先には別紙2と同等の安全管理義務を課すものとする。再委託契約の中には、再委託先が更に委託業務の全部または一部を再委託する場合には、甲及び乙の事前

の書面による同意を得るものとする規定を置くものとする。

3　再委託先は、委託業務の全部又は一部の委託を受けた者とみなされる。乙は、甲が再委託先に対して適切な監督を行っているかどうかを監督するものとする。

第15条（廃棄）

1　甲は、乙の役職員の個人番号が記載された書類等については、保存期間経過後1年以内に廃棄する旨の手続を定めるものとする。

2　甲は、乙の役職員の特定個人情報を取り扱う情報システムにおいて、保存期間経過後1年以内に個人番号を削除する情報システムを構築するものとする。

3　甲は、乙の役職員の特定個人情報が記載された書類等を廃棄する場合、焼却又は溶解等の復元不可能な手段を採用するものとする。

4　甲は、乙の役職員の特定個人情報が記録された機器及び電子媒体等を廃棄する場合、専用のデータ削除ソフトウェアの利用又は物理的な破壊等により、復元不可能な手段を採用するものとする。

5　甲は、乙の役職員に関する特定個人情報ファイル中の個人番号又は一部の特定個人情報等を削除する場合、容易に復元できない手段を採用するものとする。

6　甲は、乙の役職員の個人番号もしくは特定個人情報ファイルを削除した場合、または電子媒体等を廃棄した場合には、削除又は廃棄した記録を保存するものとすると共に、乙に対して削除又は廃棄したことに関する証明書を交付するものとする。

第16条（返却・廃棄）

　甲は、本契約が終了した場合は、直ちに、乙の役職員の特定個人情報を乙に返却するものとする。但し、乙の指示があるときは、その指示内容に従い返却・廃棄またはその他の処分をするものとする。

第17条（漏えい事案等が発生した場合）

1　甲は、特定個人情報を漏えい、滅失、毀損（以下「漏えい等」とい

う。）することがないよう必要な措置を講ずるものとし、甲の支配が可能な範囲において特定個人情報の漏えい等に関し責任を負う。

2　甲およびその役員・従業員が、本契約に違反して、特定個人情報を本契約に定める業務目的外に利用した場合または第三者に提供・開示・漏えい等した場合には、甲は直ちに乙に報告しなければならない。この場合、甲は、速やかに必要な調査を行うとともに、再発防止策を策定するものとし、乙に対し調査結果および再発防止策の内容を報告する。

3　特定個人情報の漏えい等に関し、乙の役職員を含む第三者から、訴訟上または訴訟外において、乙に対する損害賠償請求等の申立がされた場合、甲は当該申立の調査解決等につき乙に合理的な範囲で協力するものとする。

4　特定個人情報の漏えい等に関し、乙の役職員を含む第三者から、訴訟上または訴訟外において、甲に対する苦情又は損害賠償請求等の申立てがされた場合、甲は、苦情又は申立てを受け、苦情又は申立てがされたことを認識した日から3営業日以内に乙に対し、苦情又は申立の事実および内容を書面で通知するものとする。

5　本条の定めは本契約終了後も有効とする。

第18条（委託業務の遵守状況についての報告）

1　甲は、乙に対し、毎年4月末日と10月末日に、委託業務の遵守状況、特定個人情報の安全管理体制等を書面で報告するものとする。

2　乙は、甲に対し、いつでも、書面により委託業務の遵守状況等について確認することができる。

3　甲および乙は前項の確認の結果を踏まえ、委託業務における特定個人情報の安全管理体制の改善要否を協議し、改善が必要と判断した場合は双方協力のうえ対応するものとする。

第19条（契約解除等）

　乙は、次の各号のいずれかに該当するときは甲に何らの催告をすることなく直ちに本契約を解除することができるものとする。甲は、乙から

請求を受けたときは、債務につき期限の利益を喪失し、債務および損害賠償金を直ちに現金をもって支払わなければならない。

(1) 本覚書または個別契約に背違したとき

(2) 監督官庁より営業停止または営業免許もしくは営業登録の取消処分を受けたとき

(3) 差押、仮差押、仮処分もしくは強制執行、競売の申立を受け、あるいは租税公課の滞納処分を受けたとき

(4) 会社合併、譲渡、清算の決議を行い、または破産その他の倒産手続きの申立てを自らなし、あるいは申立てを受けたとき

(5) 振出し、または保証もしくは裏書した手形または小切手につき不渡処分を受けるなど、支払停止、支払不能等の事由が生じたとき

(6) 相手方の信用を害する行為を行ったとき

(7) 前各号のほか、債権保全のため必要とする相当な理由が生じたとき

第20条（協議事項）

　本契約に定めのない事項又は本契約の解釈について疑義を生じた場合は、甲、乙誠意をもって協議し、その解決に当たるものとする。

第21条（管轄裁判所）

　本契約から生じ、又はこれに関連する甲と乙との一切の訴訟については、○○地方裁判所を第一審の専属管轄裁判所とする。

第22条（準拠法）

　本契約は、日本法に従って解釈されるものとする。

第23条（反社会的勢力ではないことの誓約等）

　甲および乙は、本契約締結時に、次の各号に掲げるものが反社会的勢力でないことを誓約する。

(1) 甲又はその株主（甲の経営に事実上参加していると認められるものに限る。）、役員及び使用人

(2) 乙又はその株主（乙の経営に事実上参加していると認められるも

のに限る。）、役員及び使用人

第24条（雑則）
本契約の一部が無効となった場合でも、他の部分には影響しないものと
する。

本契約を証するため、本契約書2通を作成し、甲、乙記名押印のうえ各
1通を保有する。

平成○○年○○月○○日
甲　東京都千代田区丸の内○丁目○番○号
　　　株式会社A
　　　　　代表取締役　　○　○　○　○　　印
乙　東京都目黒区目黒本町○丁目○番○号
　　　株式会社B
　　　　　代表取締役　　○　○　○　○　　印

〈従業員等のマイナンバー管理のチェックリスト〉

1．マイナンバーの収集段階

従業員（正社員、契約社員、パート、アルバイト等）のマイナンバーを取り扱うべき事務を洗い出したか	☐
従業員だけでなく、その配偶者・扶養親族等からマイナンバーを収集するべき場合を明確にしたか	☐
従業員等からどのような方法でマイナンバーを収集するかを決めたか	☐
従業員等から提出された書類等をどのように取りまとめ、社内で流通させるかについて決めたか	☐
マイナンバーの利用目的をどのような方法で特定、通知等をするか決めたか	☐
本人確認を担当するのはだれでどのように行うかについて決めたか	☐
マイナンバー提供書類と本人確認書類の保管方法は決めたか	☐
従業員持株会へマイナンバーを提供する場合、同持株会との委託契約締結提供の方法、その他につき決めたか	☐

2．マイナンバーの保管・管理体制（中小規模事業者および、それ以外の企業）

中小規模事業者にあたることの確認を毎年行っているか	☐
基本方針は策定したか（任意）	☐
特定個人情報等の取扱い等は明確になっているか（法 19、20 条）	☐
事務取扱担当者が変更となった場合、確実な引継ぎ、責任者による確認がなされるようになっているか（ガイドライン）	☐
組織的安全管理措置として、複数の事務取扱担当者がいる場合、責任者とそれ以外を分けて指定しているか（任意）	☐
同措置として、特定個人情報等の取扱状況がわかる記録の保存は行われているか	☐

同措置として、情報漏えい事案における報告連絡体制等を確認したか（ガイドライン）	☐
同措置として、責任者が特定個人情報等の取扱状況について、定期的に点検しているか（ガイドライン）	☐
人的安全管理措置として、特定個人情報の事務取扱担当者に対して必要かつ適切な監督を行う体制は整備されているか	☐
同措置として、事務取扱担当者に特定個人情報等の適切な取扱いを周知徹底する体制は整備されているか	☐
物理的安全管理措置として、特定個人情報等を取り扱う区域への入退室管理などは行われているか（ガイドライン例示）	☐
同措置として、特定個人情報を取り扱うIT機器の保管などは適切に行われているか（ガイドライン例示）	☐
同措置として、電子媒体等を持ち出す場合の漏えい防止措置を講じているか（ガイドライン）	☐
同措置として、特定個人情報等の削除・廃棄をしたことを責任者が確認しているか（ガイドライン）	☐
技術的安全管理措置として、特定個人情報へのアクセスを制限し、アクセス権者を限定しているか	☐
同措置として、外部からの不正アクセス等を防止するため、ファイアウォール等の設置などを行っているか（ガイドライン例示）	☐
同措置として、情報漏えい防止のために、外部に送信する際の通信経路の暗号化などを行っているか（ガイドライン例示）	☐

3. 特定個人情報の取扱いを委託する場合

委託先第三者の確認はしたか	☐
委託先は委託元と同等の安全管理措置を講じているか	☐
委託契約の締結・見直しは適切に行われているか	☐
委託契約は、委託先の従業員に対する監督・教育などを行うべき内容になっているか	☐
委託先において特定個人情報の取扱状況を把握する方法を確認しているか	☐

〈「特定個人情報に関する安全管理措置」の中小規模事業者における対応方法（抜粋）〉

A 基本方針の策定

特定個人情報等の適正な取扱いの確保について組織として取り組むために、基本方針を策定することが重要である。

B 取扱規程等の策定

○ 特定個人情報等の取扱い等を明確化する。

○ 事務取扱担当者が変更となった場合、確実な引継ぎを行い、責任ある立場の者が確認する。

C 組織的安全管理措置

事業者は、特定個人情報等の適正な取扱いのために、次に掲げる組織的安全管理措置を講じなければならない。

a 組織体制の整備

○ 事務取扱担当者が複数いる場合、責任者と事務取扱担当者を区分することが望ましい。

b 取扱規程等に基づく運用

c 取扱状況を確認する手段の整備

○ 特定個人情報等の取扱状況の分かる記録を保存する。

d 情報漏えい等事案に対応する体制の整備

○ 情報漏えい等の事案の発生等に備え、従業者から責任ある立場の者に対する報告連絡体制等をあらかじめ確認しておく。

e 取扱状況の把握及び安全管理措置の見直し

○ 責任ある立場の者が、特定個人情報等の取扱状況について、定期的に点検を行う。

D　人的安全管理措置

　　事業者は、特定個人情報等の適正な取扱いのために、次に掲げる人的安全管理措置を講じなければならない。

a　事務取扱担当者の監督

　　事業者は、特定個人情報等が取扱規程等に基づき適正に取り扱われるよう、事務取扱担当者に対して必要かつ適切な監督を行う。

b　事務取扱担当者の教育

　　事業者は、事務取扱担当者に、特定個人情報等の適正な取扱いを周知徹底するとともに適切な教育を行う。

E　物理的安全管理措置

　　事業者は、特定個人情報等の適正な取扱いのために、次に掲げる物理的安全管理措置を講じなければならない。

a　特定個人情報等を取り扱う区域の管理

　　特定個人情報等の情報漏えい等を防止するために、特定個人情報ファイルを取り扱う情報システムを管理する区域（以下「管理区域」という。）及び特定個人情報等を取り扱う事務を実施する区域（以下「取扱区域」という。）を明確にし、物理的な安全管理措置を講ずる。

b　機器及び電子媒体等の盗難等の防止

　　管理区域及び取扱区域における特定個人情報等を取り扱う機器、電子媒体及び書類等の盗難又は紛失等を防止するために、物理的な安全管理措置を講ずる。

c　電子媒体等を持ち出す場合の漏えい等の防止

　　○　特定個人情報等が記録された電子媒体又は書類等を持ち出す場合、パスワードの設定、封筒に封入し鞄に入れて搬送する等、紛

失・盗難等を防ぐための安全な方策を講ずる。

d　個人番号の削除、機器及び電子媒体等の廃棄
　　○　特定個人情報等を削除・廃棄したことを、責任ある立場の者が確認する。

F　技術的安全管理措置
　事業者は、特定個人情報等の適正な取扱いのために、次に掲げる技術的安全管理措置を講じなければならない。

a　アクセス制御
b　アクセス者の識別と認証
　　○　特定個人情報等を取り扱う機器を特定し、その機器を取り扱う事務取扱担当者を限定することが望ましい。
　　○　機器に標準装備されているユーザー制御機能（ユーザーアカウント制御）により、情報システムを取り扱う事務取扱担当者を限定することが望ましい。

c　外部からの不正アクセス等の防止
　情報システムを外部からの不正アクセス又は不正ソフトウェアから保護する仕組みを導入し、適切に運用する。

d　情報漏えい等の防止
　特定個人情報等をインターネット等により外部に送信する場合、通信経路における情報漏えい等を防止するための措置を講ずる。

《編著者プロフィール》

長谷川 俊明（はせがわ としあき）

長谷川俊明法律事務所代表。
1973年早稲田大学法学部卒業。1977年弁護士登録。1978年米国ワシントン大学法学修士課程修了（比較法学）。国土交通省航空局総合評価委員会委員。日本コンプライアンス・オフィサー協会会長。
現在、渉外弁護士として企業法務、国際金融取引や国際訴訟を扱うとともに、上場企業等数社の社外監査役を務める。

〈主な著書等〉
『実践 個人情報保護対策 Q&A』、『敵対的企業買収への対応 Q&A』、『実践 新会社法対策 Q&A』、『国際商事法の事件簿』、『マイナンバー時代の身近なコンプライアンス』（以上、経済法令研究会）、『訴訟社会アメリカ』、『競争社会アメリカ』、『日米法務摩擦』（以上、中央公論新社）、『株主代表訴訟対応マニュアル 100 カ条』、『訴訟社会』（翻訳）（以上、保険毎日新聞社）、『ビジネス法律英語入門』、『リスクマネジメントの法律知識』（以上、日経文庫）、『ローダス 21 最新法律英語辞典』（東京堂出版）、『法律英語の用法・用語』、『法律英語と紛争処理』、『国際ビジネス判例集―知財編―』、『買収防衛と M&A 判例集』、『法律英語と会社』、『新・法律英語のカギ―契約・文書［全訂版］』、『法律英語と金融―基本契約から国際金融法務まで―』（以上、レクシスネクシス・ジャパン）、『新しい取締役会の運営と経営判断原則』、『英文契約一般条項の基本原則 Q&A』（以上、中央経済社）など多数。

《著者プロフィール》

田中 裕之（たなか ひろゆき）

2005年一橋大学商学部経営学科卒業後、2011年一橋大学法科大学院修了（法務博士）。2014年弁護士登録。同年、長谷川俊明法律事務所入所。

〈主な著書等〉
「特定個人情報（マイナンバー）委託契約書」、「ビッグデータの提供・使用許諾およびビッグデータ解析業務委託契約」（以上、『会社契約作成マニュアル』共著、新日本法規）、「よくわかる金融個人情報保護コース TEXT1」（共著、経済法令研究会）。

荒木 洋介（あらき ようすけ）

2009年九州大学工学部機械航空工学科卒業後、2013年早稲田大学法科大学院修了（法務博士）。2014年弁護士登録。同年、長谷川俊明法律事務所入所。

〈主な著書等〉
「中国特許法改正の動向と PAE 規制」（共同執筆、「国際商事法務」Vol.43、No.5）、「結婚・子育て支援信託契約書」、「キャラクター商品化契約」（以上、『会社契約作成マニュアル』共著、新日本法規）、「よくわかる金融個人情報保護コース TEXT1」（共著、経済法令研究会）。

企業による　従業員情報管理のマイナンバー対応 Q&A

2015年12月25日　初版第1刷発行	編 著 者　長 谷 川　俊　明
	発 行 者　金 子 幸 司
	発 行 所　㈱経 済 法 令 研 究 会
	〒162-8421　東京都新宿区市谷本村町3-21
〈検印省略〉	電話 代表 03(3267)4811 制作 03(3267)4823

営業所／東京 03(3267)4812　大阪 06(6261)2911　名古屋 052(332)3511　福岡 092(411)0805

カバーデザイン／清水裕久（Pesco Paint）　制作／西牟田隼人　印刷／㈱日本制作センター

© Toshiaki Hasegawa 2015　Printed in Japan　　　　　　ISBN 978-4-7668-2377-6

"経済法令グループメールマガジン"配信ご登録のお勧め

当社グループが取り扱う書籍、通信講座、セミナー、検定試験に関する情報等を皆様にお届け
いたします。下記ホームページのトップ画面からご登録ください。

☆　経済法令研究会　http://www.khk.co.jp/　☆

定価はカバーに表示してあります。無断複製・転用等を禁じます。落丁・乱丁本はお取替えします。